KB216270

Noam Chomsky

촘스키,
누가 무엇으로 세상을 지배하는가

Noam Chomsky

세상의 진실을 들여다보는 통찰―촘스키와의 대화

촘스키,
누가 무엇으로 세상을 지배하는가

노엄 촘스키 지음
드니 로베르 · 베로니카 자라쇼비치 인터뷰
레미 말랭그레 삽화
강주헌 옮김

시대의창

촘스키, 누가 무엇으로 세상을 지배하는가

초판 1쇄 2002년 11월 18일 발행
초판 53쇄 2013년 1월 29일 발행
2판 1쇄 2013년 11월 11일 발행
2판 6쇄 2021년 1월 20일 발행
3판 1쇄 2024년 10월 25일 발행

지은이 노엄 촘스키
인터뷰어 드니 로베르, 베로니카 자라쇼비치
옮긴이 강주헌
삽화가 레미 말랭그레
펴낸이 김성실
표지 디자인 민진기디자인
제작 한영문화사

펴낸곳 시대의창   등록 제10-1756호(1999. 5. 11)
주소 03985 서울시 마포구 연희로 19-1
전화 02)335-6121   팩스 02)325-5607
전자우편 sidaebooks@daum.net
페이스북 www.facebook.com/sidaebooks
트위터 @sidaebooks

ISBN 978-89-5940-852-8 (03300)

진실이 살아 숨 쉬는
세상을 위하여

촘스키의 글은 늘 새롭다. 감히 어느 누구도 입에 올리지 못하는 이야기를 서슴없이 들려주고 세상을 보는 새로운 눈을 뜨게 해주기 때문이다.

이 책은 지금껏 우리나라에 소개된 책들과는 사뭇 다른 성격을 띤다. 그동안 촘스키 관련 글을 읽으면서 쌓인 궁금증을 프랑스의 두 언론인(드니 로베르Denis Robert와 베로니카 자라쇼비치Weronika Zarachowicz)이 우리를 대신해서 촘스키와의 대화를 통해 시원스럽게 풀어주고 있다. 따라서 어떤 의미에서는 촘스키가 지금까지 발표한 글의 핵심을 요약하고 있는 동시에 촘스키 사상의 고갱이와 시대의 통찰을 고스란히 담고 있는 책이다.

촘스키가 행해온 일련의 작업과 지적 통찰은 결국 '표현의 자유'와 '진실의 규명'으로 귀결된다. 표현의 자유가 완벽하게 보전될 때 민주주의(국민의, 국민에 의한, 국민을 위한 국가)의 완성을 기대할 수 있다는 노학자의 열정이 그의 모든 글에서 느껴진다. 그가 미국을 불량 국가 또는 범죄 국가로 규정하며 비난하는 것도 언론이 보이지 않는 힘의 압력으로 표현의 자유를 완벽하게 누리고 있지 못하기 때문이라는 결론이다. 결국 (지배 권력의 선전 도구로 전락한) 언론과 지식인이 진실을 말해주지 않기 때문에 진실의 메신저로 나선 촘스키가 난폭한 강자의 정의에 맞서 무기력한 약자의 정의를 대변하고 있는 것이다.

우리나라 언론은 요즘 들어 양극단을 보여준다. 그렇다고 좌파도 아니고 우파도 아니며, 일정한 정파의 편들기로 나눠진 느낌이다. 엄격하게 말하면 정파가 아니며 인물을 중심으로 나눠진 느낌이다. 그렇다고 그 인물들이 뚜렷한 이념을 지닌 것도 아니다. 상대편에 있는 인물을 깎아내리기 위해서는 왜곡도 마다하지 않는다. 거짓말만이 왜곡은 아니다. 내 편은 순화해서 해석하고 상대편은 과장해서 해석하는 것도 왜곡이다. 왜 그럴까? 다름과 틀림을 구분하지 않기 때문이라는 주장은 이제 상식이 되었다. 그런데도 언론을 비롯한 지식인들은 다름과 틀림을 교묘하게 뒤섞어 시민들을 우롱하고 착각하게 만든다. 이처럼 양극단으로 나뉘어 팻대를 세우는 언론들이지만 '양극화'를 비판하는 대목에서는 하나로 입을 모은다. 하지만 '양극화'를 해소할 수 있는 근본적인 방법에 대해서는 의견이 다르다. 양쪽이 서로 자기의 의견을 뒷받침하기 위해 외국의 사례를 들먹이지만, 여기에서도 다름과 틀림이 구분되지 않는다. 언론이 진영 논리에 갇혀 스스로 표현의 자유를 포기한 느낌이다.

우리는 흔히 양비론을 말한다. 두 말이 모두 틀렸다는 뜻이다. 하지만 두 말이 서로 다른 관점에서 분석한 결과라고 한다면 양시론이 된다. 이렇게 양시론적 관점에서 접근한다면, 요컨대 우리에게 주어지는 두 의견이 모두 틀린 것이 아니라 다른 것이란 관점에서 접근한다면, 어떤 관점이 그 시대에 더 타당한 것인지 조금은 객관적으로 따져볼 수 있지 않을까? 이렇게 하기 위해서는 많은 조사와 연구가 필요하다. 틀렸다는 걸 입증하기는 쉬워도 맞다는 걸 입증하기는 어렵다. 더구나 충돌하는 두 의견 중에서 어느 것이 우리 시대에 상대적으로 더 타당한지를 판별하기 위해서는 더 많은 노력이 필요하며, 그 노력은 올바른 시민이 되기 위해 기꺼이 감수해야 할 대가이다.

그래서 촘스키는 "양식良識만이 우리가 믿을 수 있는 유일한 것"이라고 말한다. 양식 있는 시민이 되기 위해서는 뛰어난 식견과 건전한 판단이 필요하다. 식견을 갖추고 건전한 판단을 내리기 위해서는 과거를 기억해야 한다. 과거의 기억들도 정보이기 때문이다. 우리는 시민으로서 이런 노력을 할 각오가 돼 있는가? 우리가 올바른 시민으로 우뚝 서면 세상이 달라질까? 이것이 문제다. 하지만 촘스키는 우리에게 실망하지 말라고 격려한다. 역사가 증명해주듯이 '최후의 힘'인 양식 있는 국민의 힘이 결집되면 어떤 일이라도 해낼 수 있고 어떤 변화라도 이룰 수 있기 때문이다.

충주에서
강주헌

노엄 촘스키를 위하여

나는 1980년대 초 심리학을 공부하던 중 노엄 촘스키라는 인물을 처음 알았다. 그는 미국에서 가장 권위 있는 대학 중 하나인 MIT(매사추세츠 공과대학교)의 교수로 언어학자다. 물론 그가 자유주의자이며 급진적 성향을 띤 정치 운동가로 평가받는다는 사실도 어렴풋이 알고 있었다.

9년 전 어느 날 메스에서 나는 촘스키를 본격적으로 다룬 다큐멘터리를 보았다. '여론조작: 노엄 촘스키와 미디어'라는 제목이었다. 나는 엄청난 충격을 받았다. 거의 같은 시기에, 파리에서 활동하던 언론인 베로니카 자라쇼비치도 똑같은 충격을 받았다. 캐나다 출신의 두 언론인[1]이 감독한 이 다큐멘터리는 촘스키를 지나치게 미화한 면이 없지 않았지만 촘스키라는 인물을 명쾌하게 분석한 것만은 틀림없었다. 촘스키는 여기에서 "집단은 힘이 강력해질수록 그들의 이익에 동조하는 정치 세력을 앞세운다"라는 간단명료한 생각들을 펼쳐 보였다.

당시 나는 다국적기업들이 정당들에 아낌없이 쏟아붓는 정치자금의 성

---

1 마크 아크바르Mark Achbar와 피터 윈토닉Peter Wintonick.

격에 대해 연구하고 있었다. 내가 오랫동안 파헤치며 노심초사해온 것을 촘스키는 단 한 줄로 정리한 것이다.

그러나 촘스키는 무엇보다 언론의 덫을 고발했다. 그는 조금도 목소리를 높이지 않으면서 "객관성을 유지한다고 자평하는 사회적 논평, 즉 텔레비전의 르포, 라디오의 속보와 정치 분석 등은 이데올로기에 따른 전제와 원칙을 감추고 있다. 따라서 이런 사실이 백일하에 드러난다면 그들의 이데올로기는 여지없이 붕괴되고 말 것이다"라고 말했다. 나는 오래전부터 신문을 읽고 텔레비전의 시사 프로그램을 시청해왔지만, 언론이라는 커뮤니케이션의 장^場에서 턱없이 높은 임금을 받는 언론인 대부분이 공공 시장을 지배하는 다국적기업의 월급쟁이라는 사실을 잊고 있었다. 또한 정보는 무엇보다 상품적 가치를 지닌 것이고, 영향력을 행사해서 부정한 이익을 얻을 수 있는 수단이며, 평범한 사람은 도무지 이해할 수 없는 이익 충돌의 무대라는 사실을 잊고 있었다.

베로니카 자라쇼비치는 이전에도 노엄 촘스키와 인터뷰한 적이 있었다. 게다가 미국의 이 급진적 사상가가 프랑스에 거의 알려져 있지 않다는 사실에 놀라움을 금치 못했다. 촘스키는 특유의 패러독스로 자신의 생각을 펼쳐 보이는 20세기의 대표적인 지성인이다. 우리는 촘스키를 프랑스에 알리고 싶었다. 주변 사람들에게 '이 책 읽어봐!', '그에 대한 다큐멘터리를 한번 봐!'라고 소리치고 싶었다. 그는 도사^{導師}도 아니고 철인^{哲人}도 아니며 정치 투사도 아니다. 우리가 생각할 방향을 인도해주는 지식인이다. 믿기지 않을 만큼 날카로운 비판 의식으로 세상사에 의문을 품고 새로운 안목에서 분석하는 자유로운 정신의 소유자다.

촘스키가 우리에게 전해준 중요한 교훈의 하나는 기존의 생각을 곧이곧대로 믿지 말고, 말을 앞세우는 사람들을 절대 믿지 말라는 것이다. 어떤 것도 확실하고 당연한 것이라고 믿지 말라는 것이다. 확인하고 심사숙고하라는 것이다. 각자의 기준에 따라 생각하고, 기지旣知의 사실에서 해방되라는 것이다.

"사람들이 나처럼 생각하기를 원하는 것은 아닙니다. 물론 내가 비난하고 고발하는 집단, 예컨대 대학의 권위자들과 언론 그리고 국가나 정부 기관의 맹신적 선전자들의 노선을 따르라는 뜻은 더더욱 아닙니다. 나는 글에서나 강연에서나 내가 진실이라 생각하는 것을 보여주려 합니다. 누구라도 내 생각에 자신의 생각을 덧붙인다면, 정치계와 사회집단이 우리에게 감추고 있는 것을 알아낼 수 있을 것입니다. 따라서 자기만의 생각이 필요합니다. 사람들이 이런 도전 의식을 키우면서 스스로 알아내려 한다면, 그것만으로 나는 내 목적을 어느 정도 성취한 것이라 생각합니다."[2]

노엄 촘스키의 책들은 미국의 정치 상황을 명쾌하고 정밀하게 분석하기도 하지만, 서구 민주주의에서의 언론과 지식인의 역할 그리고 이데올로기에 초점을 맞추고 있다. 따라서 우리가 현재 살고 있는 시대, 즉 혼돈으로 가득한 시대에 대한 명철한 관찰이 돋보인다.

"기업계가 일치단결해서 적극적으로 펼치는 거대한 선전에 현혹된 대중은 하찮은 목표로 눈을 돌리는 듯하다. 기업계가 엄청난 자금과 에너지를 쏟아부어 대중을 개별적인 소비자, 즉 서로 교감하지 않을 뿐 아니라 품위 있는 삶이 무엇인지에 대해 눈곱만큼도 생각하지 않는 소비자이자 양순한 생산도구(적어도 충분한 일자리를 가질 때)로 전락시키기 때문이다. 정상적인

---

2 앞에서 언급한 다큐멘터리, 〈여론조작: 노엄 촘스키와 미디어Manufacturing Consent: Noam Chomsky and the Media〉에서.

인간의 감정이 말살되고 있다. 심대한 문제가 아닐 수 없다. 개인의 이익을 인간에게 주어진 최고의 가치로 찬양하는 이데올로기, 특권층과 권력층을 위한 이데올로기와 인간의 감정을 어찌 비교할 수 있겠는가!"[3]

우리는 촘스키의 책들이 프랑스어로 번역되지 않는 것에 놀라지 않을 수 없었다. 그가 옛날에 쓴 책 몇 권이 번역된 것을 어렵게 찾아낼 수 있었지만, 1980년 초부터는《무편각선》,《버찌의 시대》혹은《EPO》등과 같은 지하 잡지와《르몽드 디플로마티크》에 실린 글 몇 편 말고는 거의 찾아볼 수 없었다. 우리는 사방에 그 이유를 물었다. 그들의 설명에 따르면, 촘스키의 책이 프랑스에 소개되지 않은 것은 당연한 결과였다. 촘스키는 좋게 말하면 '사상이 의심스러운 사람'이고 나쁘게 말하면 '나치의 가스실의 존재를 부정한 사람'이었기 때문이다. 그가 유대인이어서 무시한 것 아니냐는 의구심을 제기하자 대부분 "그건 문제가 아니다!"라고 하며 우리를 면박 주었다. 어쨌든 촘스키가 한 시대를 풍미한 거인이라는 사실을 부인하는 사람은 없었다. 또한 아주 낡은 이야기인 포리송 사건[4]을 상기시켜준 사람들도 있었다. 촘스키 자신이 유대인이면서 반유대주의자라는 사실은 너무나 유명해서 새삼스레 거론하는 것조차 피곤할 지경이었다.

이 책의 출간을 정당화시켜줄 일화 하나를 소개해야겠다. 2년 전에 있었던 일이다. 당시 베로니카 자라쇼비치는 프랑스와 해외의 일간지들로 구성

3 잡지 *Agone*, Marseille, 1997.

4 1980년 프랑스의 문학 교수인 로베르 포리송Robert Faurisson이 "히틀러가 가스실을 이용해 유대인을 학살했다고 주장하는 것은 단연 두드러진 역사적 거짓말이다. 이 거짓말로 이득을 얻은 쪽은 주로 이스라엘과 세계 전역의 시온주의자이고, 그 주된 피해자는 독일 국민이다'라고 주장하면서 촉발된 사건이다. 이처럼 홀로코스트를 부인한 포리송의 책에 촘스키의 글이 서문으로 실렸다. 포리송의 책이 판금 위협에 처했을 때 촘스키는 "포리송의 주장에 동의하지는 않지만 언론의 자유를 위해서 그 책은 출간되어야 한다'고 주장했다─옮긴이.

된 국제 언론기관인 '월드 미디어 네트워크World Media Network'의 편집장이었다.

1999년 9월, 정확히 말해서 동티모르에서 유혈극으로 끝난 국민투표가 있은 다음 날, 베로니카는 노엄 촘스키와 인터뷰하는 기회를 가졌다. 사실 촘스키는 티모르의 분쟁을 설명해줄 적임자 중 한 사람이었다. 티모르 문제에 대해 처음 글을 발표한 1979년 이후로 촘스키는 티모르에 대한 미국의 정치적 전략을 끊임없이 고발하고 있던 터였다. 인터뷰 기사는 유럽의 10여 일간지에 소개되었다. 월드 미디어 네트워크의 회원이지만 촘스키에 대한 기사를 달갑게 여기지 않은 프랑스 신문사를 제외한 유럽 전역에 인터뷰 기사가 발표된 셈이었다. 프랑스 언론인들은 "촘스키가 누구야?"부터 "촘스키가 티모르를 거론해? 무슨 권리로!"에 이르기까지 다양한 반응을 보였다. 심지어 "자네, 미쳤나? 그런 반유대주의자에 대한 기사는 한 줄도 실어줄 수 없어!"라고 소리친 외신 책임자까지 있었다.

이런 반응은 프랑스에서는 식상한 것이 되었다. 그리고 마침내 당연한 것처럼, 촘스키에 대해 촘스키와 함께 쓴 책의 출간이 필요해졌다. 이처럼 완전히 달라진 분위기에서 우리는 이 프로젝트를 거론할 때마다 공격적인, 때로는 위협적인 논평을 요구하기도 했다. 저명한 역사학자인 한 대학교수는 내가 제네바 상소재판소Appel de Genève의 판결을 적극 지지한 것에 칭찬을 늘어놓으면서도 '빌어먹을 촘스키'에 대한 책의 출간 계획은 '완전히 정신 나간 짓'이라고 평가했다. 또한 한 출판사 친구도 그런 책의 출간 계획은 '미친 짓'이고 '무분별한 짓'이라 말했다. 그 친구의 평가에 따르면 촘스키는 악명 높은 반유대주의자(포리송)를 옹호했을 뿐 아니라, 이탈리아와 같은 나라에서는 극우 출판사나 촘스키 책을 출간한다고 충고했다. 나는 그 출판사가 어디냐고 물었지만 아무런 대답도 듣지 못했다. 어쨌든 촘스키는

'신나치주의 사상가'가 되었고, 그의 책을 출간하려는 우리는 '빨갱이'가 될 지경이었다.

촘스키는 논쟁을 즐기는 편이 아니다. 그는 어떤 문제에 대해 속마음을 완전히 털어놓은 뒤에는 다른 사람들이 그 문제로 왈가왈부하는 것에 거의 귀를 닫아버린다. 그는 프랑스에서나 다른 나라에서 손가락질 받는 것에 개의치 않는다. 그는 양심을 지키면서 엄격한 기준에 따라 행동하고 열정과 확신을 지니는 것으로 만족한다. 물론 촘스키는 이런 평가에 빙긋이 웃고 말겠지만, 그에 대한 책을 계획한 우리로서는 촘스키의 행적을 추적해보지 않을 수 없었다.

촘스키는 우리에게 자신의 생각을 되풀이해서 말하는 것을 두려워하지 말라고 줄기차게 가르쳐왔다. 특히 절대 사그라들지 않을 듯한 소문에 시달리더라도 물러서지 말라고 가르쳐왔다. 나치의 가스실의 존재를 부인하는 사람이라는 낙인이 찍힌 지 벌써 20년이다. 글을 발표할 때마다 그런 평가가 재확인되었고, 그런 평가는 오래 숙성된 스카치처럼 입맛에 꼭 들어맞는 듯하다. 촘스키는 세상사를 분석하고 자신의 생각을 설명하는 데 엄청난 정력을 쏟았다. 자유주의 정신에 입각한 자신의 생각과 메시지를 정직하게 전할 수만 있다면 세상의 멸시와 조롱과 공격, 때로는 물리적 공격까지 참고 견뎠다.

우리는 이 서문에서 포리송 사건을 접어두고 곧바로 문제의 핵심에 접근하고 싶었지만 그럴 수는 없는 노릇이었다. 어떤 소문이나 그렇듯이 그 기원이 있게 마련이다. 따라서 그 기원을 찾아내서 꼼꼼하게 따져볼 필요가 있다.

포리송 사건을 간략하게 정리해보자. 1970년대 말, 리옹 대학의 프랑스

문학과 교수이던 로베르 포리송이 제2차 세계대전 동안 나치가 가스실을 이용해 유대인을 학살했다는 주장을 부인하는 바람에 교수직에서 해임되었다. 촘스키는 표현의 자유를 옹호하는 탄원서에 서명해달라는 부탁을 받았고 다른 서명자 500명과 함께 기꺼이 서명에 참여했다. 그러나 이에 대한 반발은 믿기지 않을 만큼 폭력적이었다. 프랑스 언론은 그 탄원서를 '촘스키 탄원서'라 소개했고, 그 결과 촘스키는 포리송의 주장에 동조하는 사람이라는 오명을 뒤집어써야 했다. 그러나 문제의 탄원서에는 포리송의 주장에 대해서는 한 줄도 언급되어 있지 않았다. 오직 표현의 자유를 지켜야 한다는 사명감에서 작성된 것일 뿐이었다.

촘스키는 이 사태를 해명코자 표현의 자유에 대한 짤막한 글을 발표했다. "나는 당신이 쓴 글을 혐오한다. 그러나 당신의 생각을 표현할 권리를 당신에게 보장해주기 위해 나는 기꺼이 죽을 준비가 되어 있다"라는 볼테르[5]의 유명한 경구를 연상시키는 글이었다. 여기에서 촘스키는 누군가의 생각을 표현할 권리를 인정하는 것이 곧 그의 생각에 공감한다는 뜻은 아니라고 말했다. 또한 그는 포리송의 논문을 읽지도 않았다는 사실을 분명히 해두고, 전해 들은 대로 포리송의 글을 판단하건대, "포리송은 상대적으로 비정치적인 자유주의자"라 생각한다고 썼다. 촘스키는 이 글을 평생의 동지인 세르주 티옹에게 보내면서, 그 글을 마음대로 사용해도 좋다고 덧붙였다. 그런데 전혀 예상하지 못한 결과로 치달았다. 티옹은 출판인인 피에르 기욤과 함께 그 글을 포리송의 책《나를 역사의 왜곡자로 비난하는 사람에

---

5 Voltaire(1694~1778). 프랑스 작가이자 계몽사상가. 1717년 반정부 시를 써 투옥되었고, 차별적인 프랑스 계급 사회를 비판한 반체제 인사다 - 옮긴이.

게 보내는 글 - 가스실의 문제》[6]에 서문으로 실은 것이다. 다른 친구들에게
서 그 소식을 전해 들은 촘스키는 책 출간을 막으려 했지만, 이미 배가 떠
난 뒤였다.

이 사건에서 촘스키가 여러 번 실수를 범한 것은 부인할 수 없는 사실이
다. 세르주 티옹에게 자기 글을 멋대로 사용하도록 허락한 것부터 실수였
다. 또한 정황을 정확히 판단하지 못한 것도 잘못이었다.
그러나 촘스키를 비난한 사람들의 집요한 공격, 폭력적인 공격은 어떻
게 설명해야 할까? 그들이 촘스키의 저작물은 제쳐두고 포리송의 주장에
대해서는 언급조차 않은 탄원서만 갖고 촘스키를 비난한 것은 어떻게 설
명해야 할까? 촘스키는 기회가 닿을 때마다 나치주의를 비난했다. 그는 수
십 년 전부터 책과 편지, 기고문과 성명문을 통해 나치주의를 비난하는 데
앞장서온 지식인이었다. 홀로코스트가 "인류 역사상 가장 극악한 집단 폭
력의 폭발"이라는 생각[7]에서 한 발짝도 물러서지 않았다. 그런데 포리송에
대해 전혀 모른다고 말했던 소탈함, 표현의 자유를 위해서 자신의 안위마
저 내던진 용기가 전술적 실수였던 것은 아닐까? 그리고 적들은 이런 전술
적 실수를 빌미 삼아 그를 비난한 것은 아닐까?
'탄원서 사건'은 근본적으로 다른 정치적 전통을 지닌 프랑스와 미국의
문화적 충돌에서 비롯된 것이기도 하다. 프랑스인들과 달리 미국인들은 표
현의 자유를 헌법의 초석[8], 즉 누구에게도 양도할 수 없는 권리로 승화시켰

---

6 La Vieille Taupe, Paris, 1980. 티옹과 기욤은 모두 극좌파로 나치 독가스실의 존재를 부인하는 사람들의 대의大義를 옹호했다.

7 Noam Chomsky, *Guerre et paix au Proche-Orient*, Belfond, 1974.

8 미국은 가장 오래된 수정헌법에서부터 표현의 자유를 보장해왔다.

다. 실제로 무정부주의자인 촘스키는 지금까지 갖가지 이유로 표현의 자유를 옹호하는 탄원서에 수십 차례 서명했지만, 그것 때문에 미국인들에게 충격을 안겨준 적은 없었다. 부정주의적 발언을 적절히 규제하는 게소 법과 같은 프랑스 법은 미국이었다면 결코 통과될 수 없었을 것이다. 미국 헌법을 기준으로 할 때 게소 법은 위헌의 소지가 농후하기 때문이다.

이 책은 이미 20년도 더 전에 일어난 포리송 사건에서 제시된 문제들을 철저하게 규명하기 위해 계획된 것은 아니다. 물론 포리송 사건에 대해 그에게 묻지 않은 것은 아니다.[9] 포리송 사건에 대해서 촘스키는 여전히 완강한 입장이었다. 그에게 실수를 인정하라고 요구하는 것 자체가 불가능했다. 그는 '파리 지식인 집단'에 대해서도 분노를 감추지 않았다. 그들에게 거의 사망선고를 내렸다. 이런 분노가 촘스키의 프랑스에서의 '컴백'이나 우리 평판에 좋지 않은 영향을 미칠 것이 자명했기 때문에 우리는 이 부분을 거론하지 않고 넘어갈 수도 있었다. 그러나 그가 말한 것처럼 우리는 그가 마음대로 말하도록 내버려두고 싶었다. 그리고 촘스키 자신은 부인하겠지만, 우리 예상대로 그는 지나친 비난에 상처받은 사람의 반응을 여실히 보여주었다.

지겹겠지만 마지막으로 다시 한 번 강조해두려 한다. 촘스키는 반유대주의자도 아니고 나치의 독가스실을 부인하지도 않는다! 그는 지금껏 그런 냄새를 풍긴 적도 없었다. 단지 "표현의 자유가 모든 것에 우선한다"고 말하려 했을 뿐이다.

---

9 촘스키는 《네이션*The Nation*》에 기고한 〈말할 권리His right to say〉(1981년 2월 28일)에서 포리송 사건에 대한 자신의 입장을 밝혔다. 이 기고문은 www.zmag.org 또는 *Réponses inédites: à mes détracteurs parisiens*, Spartacus, Paris, 1984에서 찾아볼 수 있다.

객관성이란 탈을 쓴 왜곡된 문서들과 거짓 정보가 난무하는 세상에서 촘스키와 나눈 이 책은(원제는 '두 시간의 대화deux heures de lucidité') 하나의 자료로 평가받아야 마땅하다. 우리는 1999년 11월 이탈리아 피렌체 남쪽에 위치한 시에나에서 얼마 떨어지지 않은 언덕에 세워진 고풍스러운 수도원의 안락한 분위기에서 마음을 터놓고 대화를 나누었다.

그로부터 2년이 지난 지금에야 그 대화가 책으로 완성되었다. 73세라는 고령에도 불구하고 초인적인 정력으로 연구와 강연을 쉬지 않아 개인적인 면담을 하자면 6개월 전에 미리 약속해야 하는 까닭에, 그가 언급한 수많은 점들을 이메일로 일일이 재확인하는 절차가 필요했기 때문이다.

당시는 조지 W. 부시[10]가 미국 대통령도 아니었고, 세계무역센터의 쌍둥이 빌딩이 위용을 자랑하며 우뚝 서 있던 시기였지만, 촘스키가 우리에게 말해준 내용의 핵심은 조금도 달라지지 않았다. 그는 프랑스인에게 익숙하지 않은 것을 말해주었다. 합리성 여부를 떠나 자유로운 정신에 입각한 사고방식을 우리에게 가르쳐주었다.

우리는 수많은 문제를 두서없이 다루었다. 은행가들의 권력, 중앙은행의 비정상적인 자율성, 금융과 경제의 과점 현상, 경제적 이득 때문에 외교적 해법보다 전쟁을 앞세우는 현상, 미국의 테러리즘, 다국적기업의 감춰진 전략과 새로운 역할, 선전 도구로 전락한 언론들, 민주주의에서 지식인의 역할, 눈을 크게 뜨고 정보를 수집해야 할 필요성…… 이런 주제들에 대한 촘스키의 생각은 공인된 주장들과 너무 달랐다. 한 권의 책으로 엮어 세상 사람들에게 알리지 않을 도리가 없었다.

---

10 조지 W. 부시는 아버지 조지 부시(미국 제41대 대통령)와 이름이 같아, 중간 이름 W.를 붙여 구분했다. - 옮긴이.

촘스키를 읽어야 한다. 그런 다음에야 촘스키에 대해 말해야 한다. 그리고 촘스키야말로 새 밀레니엄 시대에 진정한 반항 정신을 지닌 살아 있는 저술가이자 사상가라고 말할 수 있어야 한다.

드니 로베르

차 례

옮긴이의 말 – 강주헌 5

프롤로그 – 드니 로베르 9

① 지식인의 역할은 진실을 말하는 것이다 22

② 나는 포리송 사건을 통해
'표현의 자유'를 말했을 뿐이다 40

③ 누가 무엇으로 세상을 지배하는가 54

④ 자본주의는 없다 84

⑤ 보이지 않는 세력이 경제를 지배한다 102

6   이제는 거대 기업이 권력의 중심이다   124

7   현실의 민주주의는 가짜다   146

8   언론과 지식인은
'조작된 여론'의 배달부다   178

9   나는 미국이 지난 세월
무슨짓을 저질렀는지 잘 알고 있다   208

에필로그   221

촘스키 연보   229

찾아보기   253

1 진실은 진실한 행동에 의해서만 다른 사람에게 전달된다.
— 레프 톨스토이(러시아의 문호)

지식인의 역할은
진실을 말하는 것이다

나는 개인적으로, 정규교육을 전혀 받지 않았지만
적어도 내 눈에는 훌륭한 지식인으로 보이는 사람들을 알고 있습니다.
거꾸로 이런 이상에 전혀 부응하지 못하지만 세상 사람들에게 존경받는
대학교수들과 저술가들도 많이 알고 있습니다.

― 선생님은 우리 시대를 대표하는 사상가입니다. 영원한 반항아라고 말해도 무방할 것입니다. 한편으로 선생님은 '지적인 자기방어법'을 가르칠 뿐 아니라 어떤 형태의 조작에도 대비할 수 있는 열쇠를 알려준다는 평가도 있습니다……

― 그거야 우리 모두에게 주어진 의무라고 생각합니다.

실제로 수천 년 전부터 그래왔지만, 지식인의 역할은 민중을 소극적이고 순종적이며 무지한 존재, 결국 프로그램된 존재로 만드는 데 있습니다. 19세기 미국의 위대한 수필가이자 철학자인 랠프 월도 에머슨[1]도 교육 프로그램을 시작하면서 "우리 멱살을 잡지 않도록 민중을 교육시켜야 한다"라고 말했습니다. 달리 말하면, 민중을 소극적인 사람으로 만들어 우리에게 저항하지 못하게 만들어야 한다는 뜻입니다. 사실 많은 부분에서 지식인이 이런 역할을 하고 있습니다. 물론 예외가 없지는 않지만 결코 부인할 수 없는 사실입니다.

― 선생님의 책을 읽다 보면 선생님의 표현대로 '여론조작'에 저항하는 선

---

1 Ralph Waldo Emerson(1803~1882). 호손Nathaniel Hawthorne, 멜빌Herman Melville과 더불어 미국의 민족문학을 태동시킨 '브룩팜Brook Farm' 공동체의 일원이었다. 기독교 목사이기도 한 에머슨은 종교적 인도주의를 주장했다.

생님의 모습을 상상할 수 있습니다. 지식인들이 '여론조작'에도 일익을 맡고 있다고 생각하십니까?

— '여론조작'이란 표현은 원래 내 것이 아닙니다. 월터 리프먼²에게서 빌려온 표현입니다.³ 리프먼은 20세기 미국 언론계에서 가장 주목받는 인물로, 진보적 사상가였습니다. 1920년대부터 그는 대중을 조절해서 동의를 조작해내기 위한 선전의 중요성에 주목했습니다. 현재 우리가 적용하고 있는 민주주의의 메커니즘은 자명합니다. '책임 있는' 시민, 즉 레닌주의를 필연적으로 떠올릴 수밖에 없는 전위부대가 한 나라를 끌어가야 한다는 것입니다. 그 밖의 다른 사람들은 얌전히 있기만 하면 됩니다. 따라서 그들의 생각을 통제할 수 있어야 합니다. 그들을 군인처럼 일사불란하게 행동하게 만들어야 합니다. 이제는 거대 산업이 된 광고 산업의 창시자 중 한 사람으로, 역시 진보주의적 사상가인 에드워드 버네이스도 우연인지 같은 용어를 사용하고 있습니다. 하지만 버네이스도 리프먼처럼 토머스 우드로 윌슨⁴의 공식적인 선전 기계가 되었습니다.

　윌슨은 여론을 통제할 필요성, 결국 시민들을 공동체의 삶에서 떼어놓아야 할 필요성에 대한 그들의 생각을 적극적으로 받아들였습니다. 특히 20년대에 이 문제는 영국과 미국에서 중대한 문제였습니다.

2　Walter Lippman(1889~1974). 《뉴욕헤럴드트리뷴New York Herald-Tribune》의 칼럼니스트로 맹활약했다. 그는 한국전쟁, 매카시즘, 베트남전쟁 등에 반대하며, 날카로운 필체로 미 정계를 당혹스럽게 했다. 1947년 그 유명한 《냉전Cold War》을 발표했고, 이 개념은 그 후 국제 정세를 다룰 때 공신력 있게 사용되고 있다 - 옮긴이.

3　촘스키는 에드워드 허먼Edward S. Herman과 함께 《여론조작: 매스미디어의 정치경제학Manufacturing Consent: The Political Economy of the Mass Media》을 저술했다. 이 책에서 그들은 언론이 동원하는 '선전 모델'을 폭로하고 있다.

4　Thomas Woodrow Wilson(1856~1924). 민주당 출신으로 미국 제28대(1913~1921) 대통령을 지냈다.

실제로 수천 년 전부터 그래왔지만, 지식인의 역할은
민중을 소극적이고 순종적이며 무지한 존재,
결국 프로그램된 존재로 만드는 데 있습니다.

― 왜 영국과 미국, 두 나라였을까요?

― 자유가 최대한 보장된 산업사회였기 때문입니다. 사회가 자유로워질수록 무력을 사용하기가 어렵습니다. 여론과 행동을 통제하는 데 더 많은 힘을 쏟아야 합니다. 이런 점에서 광고 산업이 영국과 미국에서 시작된 것도 결코 우연은 아닙니다.

― 특히 요제프 괴벨스[5]가 선전 장관을 맡은 나치 독일을 비롯해서 전체주의 국가들도 광고 산업의 발전에 상당히 공헌한 것으로 알고 있습니다. 하지만 선생님은 전체주의 국가들에 대해서 거의 언급하지 않은 것으로 알고 있습니다.

― 정확한 지적입니다. 하지만 그건 이유가 있습니다. 전체주의 체제는 상대적으로 투명합니다. 그 수법의 목표가 뻔히 읽힙니다. 따라서 흥미가 떨어질 수밖에 없습니다. 게다가 전체주의 체제는 효율성을 따지지 않습니다. 언제라도 무력을 사용해서 공포감을 조성할 수 있으니까요. 적어도 내가 읽은 연구 서적들에 따르면, 전체주의 체제의 선전술은 그다지 효율적이지 않습니다. 또한 서구 사회를 모델로 삼아 뒤늦게 발전된 것이기도 합니다.

제1차 세계대전 동안, 영국이 처음 정부 정책을 선전하는 거대한 조직을 만들었고 미국이 그 뒤를 따랐습니다. 영국 정보성과 윌슨의 공보위원회[6]가 그것입니다. 물론 영국의 목표는 미국을 설득해 전쟁에 참전시키려는 것이

---

5 천부적인 달변가인 괴벨스(Paul Joseph Goebbels(1897~1945)는 1928년 히틀러에 의해 나치의 선전감독관으로 발탁되었다. 그는 독일 대중을 나치주의의 광기로 몰아넣는 데 결정적인 역할을 수행했다―옮긴이.

었습니다. 따라서 영국은 미국의 지식인을 목표로 삼아 선전했고, 역사가 증명해주듯이 그들은 목표를 완벽하게 달성했습니다.

진보적인 지식인들은 이런 방향에서 주어진 역할을 완벽하게 해냈고, 그 결과에 무척이나 만족스러워했습니다. 게다가 그들은 인류 역사상 처음으로 전쟁이 군사적 이익이나 경제적인 이익이 아닌 '국가 엘리트'에 의해 시작되었다는 글까지 남겼습니다. 말하자면 영국 선전 기관들의 주장을 그대로 되풀이했던 것입니다. 당시 미국 국민은 미국이 유럽 전쟁에 개입하는 것을 반대했습니다. 그런데 윌슨의 선전 조직이 근본적으로 평화주의자이던 미국민을 광적인 반독反獨주의자로 뒤바꿔놓았습니다. 이런 변화는 미국의 지식인들과 기업계에 엄청난 영향을 남겼습니다. 이처럼 선전을 통해 여론과 행동을 성공적으로 조절한 것을 계기로 홍보 산업이 발달한 기초가 마련된 것입니다. 1930년대에 들어서야 선전이란 용어에 의심의 눈길을 던졌습니다. 그리고 오늘날 선전이란 용어는 적敵의 전술적 수법을 가리키는 것으로 사용되고 있습니다.

— 그런 선전에 미국인만 농락당한 것은 아닙니다. 독일도 선전술을 대대적으로 사용한 것으로 알고 있습니다…….

— 극단적 민족주의 경향을 띤 독일인들도 선전술에 눈이 멀었습니다. 규모에서나 수법에서 독일을 훨씬 능가한 영국과 미국의 선전술이 연합군 승리의 주된 요인 중 하나라고 생각한 히틀러는 다음 전쟁에서 연합군에게

---

6   Committee on Public Information. 크릴 위원회Creel Commission란 이름으로 알려진 공보위원회는 윌슨 대통령이 전쟁의 타당성을 선전할 목적으로 발족시킨 것이다.

사회가 자유로워질수록
무력을 사용하기가 어렵습니다.

똑같은 수법으로 복수하겠다고 다짐했습니다. 그 결과는 모두가 알고 있습니다. 볼셰비키[7]도 민주국가의 선전술에 깊은 감동을 받은 모양입니다. 그들은 민주국가의 선전술을 흉내 내려 애썼지만 그다지 성공을 거두지 못했습니다. 그 수법이 조악하기 이를 데 없었으니까요.

다시 한 번 강조해두고 싶습니다. 사회가 민주화될 때, 달리 말해서 국민을 강제로 통제하고 소외시키기 힘들 때 엘리트 집단은 선전이란 방법을 동원합니다.[8] 자연스러운 현상이기도 하지만, 과학적 수법과 선전 효과를 극대화하는 데 도움이 되는 여타의 수법까지 동원한 공개적이고 의도된 현상이기도 합니다.

홍보와 광고, 그래픽아트, 영화, 텔레비전 등을 운영하는 거대 기업의 주된 목표가 무엇이겠습니까? 무엇보다 인간 정신을 지배하는 것입니다. '인위적 욕구'를 만들어내서, 대중이 그 욕구를 맹목적으로 추구하게 만듭니다. 그 결과 대중은 서로 소외되어갈 뿐입니다. 이런 기업의 경영자들은 아주 실리적으로 접근합니다. '대중을 삶의 표피적인 것, 즉 소비에 몰두하게 만들어야 한다!'라고 생각합니다. 인공의 벽을 세우고 대중을 그 벽 안에 가둬 격리시키려 합니다.

신문과 방송, 광고와 예술 등 어떤 수단을 사용하든 간에 선전 자체는 결코 새로운 것이 아닙니다. 선전 수법이 나날이 교묘해지고 있다는 사실이 새로울 뿐입니다. 예전부터 그 역할은 지식인의 몫이었습니다. 학식과 지식을 지닌 사람들의 몫이었습니다.

---

7 러시아어 볼셰비키Bolsheviki는 다수파多數派라는 뜻으로 레닌Lenin이 이끈 러시아의 사회 민주주의자 집단을 지칭하며, 그 사상을 볼셰비즘Bolshevism이라 한다 ─ 옮긴이.

8 Noam Chomsky, *Necessary Illusions: Thought Control in Democratic Societies*, South End, Boston, 1989.

— 성직자들도 빼놓을 수 없겠죠?

— 물론입니다. 도스토옙스키의 소설에 등장하는 종교재판소 판사가 단적인 예입니다. 성경에서도 똑같은 예를 찾아볼 수 있습니다. '선지자'가 그 시대의 '지식인'이었을 테니까요.

— 그렇다면 선생님은 '지식인'을 어떤 사람이라 정의하십니까?

— 마음가짐으로 정의하고 싶습니다. 말하자면 인간의 문제에 대한 정보를 수집해서 진지하게 고민하고 자기 나름대로 이해하고 통찰해보려는 마음가짐이 있어야 합니다.

나는 개인적으로, 정규교육을 전혀 받지 않았지만 적어도 내 눈에는 훌륭한 지식인으로 보이는 사람들을 알고 있습니다. 거꾸로 이런 이상에 전혀 부응하지 못하지만 세상 사람들에게 존경받는 대학교수들과 저술가들도 많이 알고 있습니다.

'저명한 지식인'이 곧 진정한 지식인이라 말할 수는 없습니다. '저명한 지식인'은 어떤 사람입니까? 그들만의 고유한 권력 체계 내에서 '책임 있는 지식인'이란 직함을 부여받은 사람입니다. 게다가 서구 사회에서 그들은 스스로 '책임 있는 지식인'이라 자처합니다. 적어도 내 생각에는 그렇습니다. 반면에 사람들은 그들을 '테크노크라트 지식인'이라 부르기도 합니다. 사회에 분란의 씨앗을 뿌리는 '무책임한 지식인', 즉 '반체제적 지식인'과 구분하겠다고 말입니다.

그런데 적국에 대해 말할 때는 가치 기준이 완전히 달라집니다. 테크노

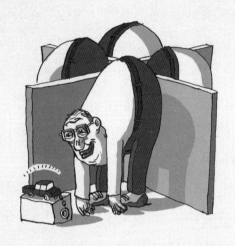

'대중을 삶의 표피적인 것,
즉 소비에 몰두하게 만들어야 한다!'라고 생각합니다.
인공의 벽을 세우고
대중을 그 벽 안에 가둬 격리시키려 합니다.

크라트 지식인들을 '인민 위원'이나 '기관원'이라 매도하며 물불을 가리지 않고 비난합니다. 반면에 반체제적 지식인들, 결국 적국의 지배자들에게 멸시당하고 핍박당하는 불평분자들에게는 월계관을 씌워줍니다.

이런 차별은 아주 옛날부터 있었습니다. 성경을 예로 들어볼까요? 히브리어에 상당히 모호한 뜻을 지닌 '나비^{nabi}'라는 단어가 있습니다. 서구인들은 이 단어를 '선지자'라 번역했습니다만, 실제로는 '지식인'에 가까운 뜻입니다. 하여간 선지자라 불린 사람들은 정치 문제에 관여하면서 도덕적 판결을 내렸습니다. 성경 시대에 그들은 증오의 대상이었고 멸시와 경멸을 받았습니다. 요컨대 그들이 투옥당하거나 사막으로 내쫓긴 것은 반체제적 인물이었기 때문입니다. 그로부터 수 세기가 지난 후에야 그들은 공로를 인정받고 선지자라는 명예를 얻었습니다.

한편 그 시대에 존경받고 칭송받은 사람들은 권력자에게 빌붙은 추종자이거나 아첨꾼이었습니다. 그들 중 훗날 대중으로부터 진정한 예언자로 추앙받은 사람은 한 명도 없습니다. 20세기는 어떨까요? 소비에트 치하에서 투옥된 지식인들, 미국의 영향권에 있는 땅에서 암살당한 지식인들이 진정한 예언자가 아닐까요? 예컨대 엘살바도르에서 목숨을 잃은 여섯 명의 예수회 수사들을 생각해보십시오. 유럽인들에게는 전혀 알려지지 않은 사건입니다. 그들은 미국이 훈련시킨 코만도들에게 살해당했습니다.' 미국이 훈련시킨 코만도들에게 말입니다. 그래서 범죄로 여겨지지도 않습니다! 벌써 10년 전의 사건입니다. 하지만 당신은 이 살상극에 대해 거의 듣지 못했을 겁니다. 언론에서 거의 다루지 않았으니까요. 한마디로 파렴치한 사건

---

9 엘살바도르를 갈가리 찢어놓은 내전(1981~1992)에서, 미국은 군사정권의 편을 들었다. 당시 수천 명의 엘살바도르 장교들과 사병들이 미국 땅에서 훈련받았다. 엘살바도르 내전은 무려 8만 명의 목숨을 앗아간 후에야 종식되었다.

입니다. 하지만 인류 역사에서 이런 사건들은 비일비재했습니다.

― 그 살상극에 대해 좀 더 자세히 설명해주시겠습니까?

― 1989년 11월 16일이었습니다. 그날 엘살바도르에서는 끔찍한 살상극이 벌어졌습니다. 그 와중에 라틴아메리카 지식인 6명이 살해당했습니다. 엘살바도르에서 최고로 손꼽히는 대학의 인권연구소 소장도 그중 한 사람이었습니다.[10] 미국 군부가 훈련시킨 엘리트 코만도는 그들에게 총구를 바싹 들이대고 차례로 방아쇠를 당겼습니다. 이 범죄를 저지른 용병대(아틀라카틀 부대)는 엘살바도르에서 벌어진 수많은 살상극의 주범으로 의심받는 군사 집단 가운데서도 가장 폭력적인 것으로 알려져 있습니다. 로메로 대주교를 암살하고,[11] 수만의 애꿎은 농부들을 무참하게 살상한 폭력 집단이었습니다.

라틴아메리카 지식인 6명이 미국 땅에서 훈련받은 군인들에게 살해당했을 때 세상 사람들은 무엇을 하고 있었습니까? 아무도 관심을 보이지 않았습니다. 놀랍지 않습니까? 하지만 바츨라프 하벨[12]이 투옥되었을 때는 온 세상이 들썩거렸습니다.

10 인권연구소의 소장이면서 엘라쿠리아Ellacuria 신부로 더 유명한 세군도 몬테스Segundo Montes도 무수한 희생자 가운데 한 명이었다.

11 1980년 3월 24일, 산살바도르의 로메로Oscar Romero 대주교는 극우 지도자가 보낸 암살 특공대에게 미사 도중 암살했다. 로메로 대주교는 군사정권의 폭력성을 공개적으로 비난하고 농부들의 비참한 삶을 폭로했다.

12 Václav Havel(1936~2011). 체코 반체제 작가로 1989년 11월 반체제연합 '시민포럼'을 조직하고 '벨벳혁명'을 주도하여 공산 체제를 무너뜨리는 데 결정적인 역할을 했다. 최초의 자유 총선에서 대통령으로 선출되었다-옮긴이.

— 그렇지만 하벨은 4년이나 감옥에서 지냈습니다!

— 그래도 엄청난 소동이 있었습니다. 우리 모두가 하벨의 석방을 탄원하는 항의 시위에 참여했습니다. 게다가 그런 시위를 당연한 것으로 여겼습니다. 미국의 영향 아래 있는 라틴아메리카의 지식인들에게 가해진 폭력은 스탈린 이후 소비에트가 지식인들에게 가한 폭력을 훨씬 능가하는 것이었습니다. 그런데도 유럽인들은 그런 폭력을 모른 체합니다.

엘살바도르의 지식인들이 비인간적으로 살해당한 직후, 바츨라프 하벨이 미국에 건너와 하원과 상원에서 연설했습니다. 의원들은 개선장군이라도 맞는 것처럼 하벨을 열렬히 환영했고, 하벨은 그들을 자유의 수호자라 부르며 화답했습니다. 게다가 정치 평론가들도 온갖 신문과 방송에서 하벨을 영웅으로 미화하는 데 앞장섰습니다. 예컨대 《뉴욕타임스》의 앤서니 루이스는 "우리는 지금 낭만주의 시대에 살고 있다"라는 말로 당시 여론을 집약시켜 표현했습니다. 이 신문의 논설위원들은 "우리가 마음껏 칭찬할 수 있는 하벨 같은 인물을 미국은 왜 만들지 못하는가"라고 자탄했습니다. 그런데 미국은 어땠습니까? 바로 얼마 전에 6명의 훌륭한 지식인들을 살해했습니다. 수많은 농부들은 말할 것도 없고요. 우리가 초현실주의 시대에 살고 있기 때문일까요?

만약 러시아가 훈련시킨 군인들이 하벨을 포함해서 체코 지식인 6명을 죽였다고 상상해보십시오. 그리고 몇 주 후에 엘살바도르 공산주의자가 러시아에 가서 두마^duma (러시아 국회)에서 연설하면서 감격에 찬 목소리로 러시아 의원들을 자유의 수호자라고 찬양하고, 러시아 의원들은 박수갈채로 그에게 화답했다면 어떤 소동이 벌어졌겠습니까?

라틴아메리카 지식인 6명이
미국 땅에서 훈련받은 군인들에게 살해당했을 때
세상 사람들은 무엇을 하고 있었습니까?
아무도 관심을 보이지 않았습니다.

― 미국 언론도 그 사건에 대해 보도하지 않았습니까?

― 1999년, 그러니까 6명의 예수회 소속 지식인이 살해당한 지 10년이 지나서, 내 동료 중 한 사람이 언론과 방송에서 그 사건을 어떻게 다루었는지 조사해보았습니다. 자료와의 엄청난 싸움이었습니다. 하지만 미국 언론은 그 지식인들의 이름을 언급조차 않았습니다. 그런데 대중이 그들의 이름을 알 수 있겠습니까? 그 살상극에 대해 알 수 있겠습니까? 대답할 필요가 없을 것입니다. 그럼 동유럽의 반체제 인사들에 대해서는 알고 있을까요? 물론입니다. 그들의 이름까지도 알고 있습니다.

우리 적의 영향 하에 있는 땅에서 가혹한 억압을 받았든, 미국의 영향 아래 있는 땅에서 무참하게 암살당했든 간에 남다른 용기를 보여준 반체제 인사들은 공평하게 존경받고 찬사받아야 합니다. 프랑스에서 있었던 드레퓌스 사건[13]도 마찬가지였습니다. 요즘 지식인들은 에밀 졸라의 용기[14]를 옹호하지만, 당시 지식인들은 대부분 정부 편을 들지 않았습니까!

― 선생님의 말씀에 따르면, 지식인의 역할은 진실을 말하는 것입니다. 그런데 선생님은 진실을 무엇이라 정의하십니까?

― 이 책을 보십시오. 이 책은 지금 의자 위에 있습니다. 따라서 이 책은 의

---

13 19세기 말, 프랑스군 포병 대위로 복무하던 유대인 드레퓌스Alfred Dreyfus(1860~1935)의 간첩 혐의를 둘러싸고 정치적으로 큰 물의를 빚은 사건으로, 프랑스의 국수주의적인 권력층과 군부의 모함과 무능함 및 편견에 사로잡힌 인종차별적 만행이 만천하에 드러났다―옮긴이.

14 드레퓌스 사건을 프랑스 군부와 정치가들의 추악한 음모로 판단한 에밀 졸라Emile Zola(1840~1902)는 〈나는 고발한다 J'accuse〉라는 논설을 발표하여 군부의 부당성을 신랄하게 공격하고 이를 계기로 사건의 진상이 밝혀졌다―옮긴이.

자 위에 있다고 말하는 것이 진실입니다. 아주 간단하지 않습니까? 현실을 있는 그대로 말하는 것이 진실입니다. 진실된 말은 꾸밀 필요가 없습니다. 꾸민다는 것은 완전히 다른 문제입니다. 결국 현실을 사실대로 설명할 때 우리 모두가 진실에 가까이 다가설 수 있습니다.

자유란, 어떠한 환경이나 속박, 그리고 어떠한 기회에도 노예가 되지 않는 것이다.
— 루키우스 세네카(로마의 철학자)

나는 포리송 사건을 통해
'표현의 자유'를 말했을 뿐이다

내게 중요한 것은 표현의 자유입니다.
우리가 증오하는 사람들에게도 표현의 자유가 허락되어야 합니다.
우리 마음을 흡족하게 해주는 생각만을 인정해서는 안 됩니다.
이것은 당연한 이치입니다. 우리가 진실로 정직하다면,
반대편의 주장까지도 수긍할 수 있어야 합니다.

— 프랑스에서 선생님은 제대로 인정받지 못하고 있습니다. 심지어 '위험한 인물'로 알려져 있기도 합니다. 선생님이 진의를 여러 차례 밝혔지만, '포리송 사건'은 꼬리표처럼 선생님을 끈덕지게 따라다닙니다. 어쨌든 1979년 프랑스 대학교수를 위한 탄원서에 서명하고[1], 그때 쓰신 〈표현의 자유를 위한 몇 가지 기본적인 제언〉이란 글을 로베르 포리송이 1980년에 발간한 책의 서문으로 사용하게 된 과정을 자세히 설명해주시겠습니까?[2]

— 나는 그 글을 로베르 포리송이 발표한 책의 서문으로 쓴 것이 결코 아닙니다. 물론 20여 년 전 프랑스에는 그렇게 알려졌지만 말입니다. 나는 표현의 자유라는 기본적인 권리에 대한 선언이란 관점에서 그 글을 쓴 것입니다. 그런데 포리송이 가스실의 존재에 대해 '역사를 왜곡했다'는 이유로 쏟아진 비난을 벗어나려고 쓴 '변명의 글'에 포리송의 편집자가 일종의 '견해' 형식으로 내 글을 실었던 것입니다. 물론 나는 포리송의 글을 전혀 읽지 않

---

1 당시 리옹 2대학의 문학 교수이던 로베르 포리송은 나치 강제수용소의 존재에 의문을 제기하고, 모두가 독일의 일방적 악행으로 인정하던 쇼아Shoah를 상대적 반응으로 분석한 글을 발표함으로써 일약 유명인사가 되었다. 그가 학생들에게 나눠준 〈제2차 세계대전의 역사적 진실을 위하여〉라는 복사물에서 "이른바 대량 학살 기도와 가스실은 전쟁의 선전술이 만들어낸 조작물일 뿐이다. 이런 조작 뒤에는 유대 민족주의의 음모가 감춰져 있다…… 히틀러는 종족과 종교를 이유로 단 한 사람도 죽이라는 명령을 내린 적이 없었다…… 히틀러에게 목숨을 잃은 유대인은 다행스럽게도 단 한 사람도 없었다"고 한 부분이 특히 문제가 되었다. 그러나 당시 촘스키에게 전달된 자료는 이처럼 명시적이지 않았다.

2 《나를 역사의 왜곡자로 비난하는 사람에게 보내는 글 – 가스실의 문제》라는 책에 촘스키의 글이 서문 형식으로 실렸다.

있습니다만, 제목만으로도 가스실의 존재에 대한 글이란 것을 대충 짐작할 수 있었습니다.

그 탄원서도 내가 끊임없이 서명해온 다른 탄원서들과 조금도 다르지 않았습니다. 로베르 포리송에게도 신체적 안전을 보장해주고 공민권의 자유로운 행사를 인정해줘야 한다는 내용이었습니다. 이런 탄원서는 십중팔구 해당 국가에서 매우 극렬한 반향을 불러일으키지만, 정작 서명자들은 그런 사실을 거의 모릅니다. 내가 포리송 사건에 적극적으로 대응했던 이유는 단 하나입니다. 그 탄원서가 내 이름으로 제시되었다는 것입니다. 기가 막힐 노릇이었습니다. 수백 명의 서명자가 있었는데요. 게다가 나는 그 탄원서의 발기인도 아니었습니다.

또한 그 탄원서는 포리송의 글에 담긴 내용에 대해서는 언급조차 않았습니다. 다만 포리송도 자신의 생각을 숨김없이 표현할 권리가 있다는 것을 언급했을 뿐입니다. 다시 말하면 아주 의례적인 탄원서였습니다. 표현의 자유를 옹호하는 데, 그 내용을 검토할 이유는 없습니다. 공격당한 사람의 신념을 두고 고민할 필요는 없습니다. 그저 표현의 자유를 옹호할 따름입니다.

─ 선생님이 그 탄원서에 서명하자, 프랑스의 역사학자 피에르 비달─나케[3]는 포리송의 반유대주의에 대해 선생님에게 알렸다고 말하던데요……

─ 맞습니다. 피에르 비달─나케가 내게 편지를 보내왔습니다. 그는 자신

---

3 Pierre Vidal-Naquet(1930~2006). 프랑스 사회과학 분야의 고등연구기관 책임자이자 저명한 역사학자이다─옮긴이

이 포리송을 반유대주의자라고 생각하는 이유와 그 근거까지 제시했습니다. 나는 비달-나케의 비난을 의심할 이유가 없었습니다. 더구나 표현의 자유를 옹호한 내 선언에서 비달-나케의 편지를 인용하기도 했지만 그 출처까지 밝히지는 않았습니다. 그 때문에 비달-나케는 자신의 충고가 무시되었다고 주장했을 겁니다. 그 주장을 충분히 이해할 수 있지만 사실은 그렇지 않습니다. 어쨌든 포리송이 실제로 반유대주의자고, 일부에서 주장하듯이 정말로 신나치주의자라 하더라도 그런 이유로 표현의 자유까지 박탈당해서는 안 된다고 생각합니다. 내 생각에 표현의 자유는 어떤 이유로도 제한될 수 없는 권리입니다. 하지만 우리가 결코 가볍게 넘길 수 없는 중대한 비난이 빗발칠 것이란 사실까지도 내 글에 덧붙였습니다. 그리고 내게 쏟아진 비난들을 달갑게 받아들였습니다. 그러나 내가 견디기 힘들 정도의 비난은 아니었습니다.

— 피에르 비달-나케의 편지를 받고서도 선생님은 원래의 입장을 조금도 바꾸지 않았습니까?

— 솔직히 말해서 나는 포리송의 됨됨이에 대해 전혀 몰랐습니다. 심지어 포리송이 누구인지도 몰랐습니다. 나는 매일 숱한 사람들을 위한 탄원서에 서명합니다. 그들이 누구인지도 모르고 그들이 무슨 생각을 갖고 어떻게 행동했는지도 모릅니다. 인권을 지키려는 사람들이 일상적으로 겪는 고통이라 할까요?

비달-나케의 편지가 내 생각에 전혀 영향을 미치지 않았다고 말할 수는 없을 것입니다. 하지만 영향을 미쳤더라도 아주 미미한 부분일 뿐입니다. 그 편지를 받기 전까지 나는 포리송에 대해 아무것도 몰랐습니다. 편지를 받은 후에도 내 판단에는, 비달-나케의 집요한 비난과 완벽하다는 자료가 포리송을 반유대주의자라고 단정지을 만한 증거는 결코 아니었습니다.

당시 내가 썼던 글에서도 분명히 느낄 수 있을 것입니다. 나는 포리송에 대해 아는 것이 거의 없었습니다. 그렇다고 그에 대해 특별히 알고 싶은 것도 없었습니다. 내가 서명한 수많은 탄원서 중 하나였을 뿐이니까요. 나는 이란과 모스크바에서 표현의 자유를 지키기 위한 탄원서가 제출되었을 때도 서명했습니다. 정권의 분노를 산 정치인들이 교수형에 처해지는 것도 알고 있습니다. 하지만 그것까지 내가 참견할 일은 아닙니다. 다른 모든 경우와 마찬가지로 포리송 사건에서도 내가 중요하게 생각한 것은 표현의 자유였습니다. 포리송이 어떤 글을 썼느냐는 중요하지 않았습니다. 가스실의 존재를 부인하며 역사를 왜곡한 사람까지 옹호할 필요가 있냐고 지적하는 사람들도 있었습니다. 나는 그에 대해 아무것도 몰랐습니다. 그때와 마찬가지로 지금도 모릅니다.

다른 생각을 가졌다는 이유로 능욕당한 사람들이 글을 통해 자신들의 생각을 널리 알리려고 애쓰지 않는다면 어떻게 되겠습니까? 그들의 생각이 철저하게 그림자 속에 감춰져 있지 않겠습니까? 미국에서 포리송처럼 다른 의견을 내는 사람들이 어떤 생각을 갖고 있는지 내가 당신에게 말해줄 수도 없을 것입니다. 흥미로운 현상입니다. 심도 있게 분석해볼 만한 현상입니다…… 나도 나 나름 포리송 사건을 조금이나마 추적해보았습니다. 포리송이 문제의 글을 발표한 후 파리에서 어떤 일이 벌어졌나 말입니다. 만약 파리의 지식인들이 포리송을 떠들썩하게 비난하지 않았다면, 포리송이 잠시나마 교수직에서 정직되지 않았다면, 그리고 '역사의 왜곡'이란 죄목으로

나는 매일 숱한 사람들을 위한 탄원서에 서명합니다.
그들이 누구인지도 모르고 그들이 무슨 생각을 갖고
어떻게 행동했는지도 모릅니다.
인권을 지키려는 사람들이 일상적으로 겪는 고통이라 할까요?

기소되지 않았다면 파리 사람들이 포리송이란 이름을 알 수 있었을까요?

어쨌든 내가 포리송 사건에 관심을 가진 것은 표현의 자유라는 근본적인 권리가 중대하게 침해당했기 때문입니다. 다른 이유는 없었습니다. 그 이후로도 나는 표현의 자유를 지키기 위한 탄원서나 선언에 주저없이 서명해 왔습니다. 포리송 사건보다 훨씬 중대한 문제가 될 법한 사건들도 있었지만 나는 탄원서의 인물이 누구이며, 그가 어떤 생각을 가졌는지에 대해 알려고 하지 않았습니다. 그렇다고 내가 특별한 사람인 것은 아닙니다. 문명의 근본원리를 지키고 공민권을 옹호하는 사람으로서 당연히 해야 할 일을 했을 뿐입니다.

— 하지만 선생님의 글 중 하나가 커다란 논쟁을 불러일으킨 적이 있었습니다. 예컨대 1980년에 발표한 〈표현의 자유를 위한 몇 가지 기본적인 제언〉에서 선생님은 "전해 들은 대로 포리송의 글을 판단하건대 포리송은 상대적으로 비정치적인 자유주의자"라고 평가했습니다. 지금도 그 생각에는 변함이 없습니까?

— 전혀 없습니다. 조금 전에 내가 말한 맥락에서 이해하면 됩니다. 표현의 자유에 대한 글에서, 나는 분명히 지적했습니다. 일부에서 주장하듯이 포리송이 진실로 나치주의와 반유대주의를 옹호하더라도, 그 이유로 표현의 자유까지 침해당할 수는 없다고 분명히 말했습니다.

거듭 말하지만 내게 중요한 것은 표현의 자유입니다. 우리가 증오하는 사람들에게도 표현의 자유가 허락되어야 합니다. 우리 마음을 흡족하게 해 주는 생각만을 인정해서는 안 됩니다. 이것은 당연한 이치입니다. 우리가 진실로 정직하다면, 괴벨스와 즈다노프[4]의 주장까지도 수긍할 수 있어야 합니다. 우리 마음에 드는 표현만 인정한다면 우리가 그들과 다를 바가 무엇이겠습니까!

물론 포리송과 그의 주장에 동조하는 사람이라면 그에 대해 좀 더 자세히 알아보려 했을 것입니다. 하지만 내게는 그런 것이 중요하지 않았습니다. 표현의 자유를 옹호하려고 내가 서명한 수많은 탄원서들의 주인공에게 쏟아진 비난들에 대해 조사해볼 생각도 없습니다. 거듭 말하지만 나는 기본적인 이치만을 주장할 뿐입니다. 그럼에도 파리 지식인들이 이 문제를 지금까지 불만스럽게 생각하는 것에 나는 놀라지 않을 수 없습니다.

이제 당신 질문에 대답해볼까요? 그랬습니다. 나는 분명히 그렇게 썼습니다. 내 판단이 옳다고 생각했기 때문입니다. 내가 그 글을 썼을 때, 신나치주의와 반유대주의를 옹호한다는 비난이 대단했습니다. 물론 그런 비난이 맞을지도 모릅니다. 하지만 비난을 하려면 뚜렷한 증거가 제시되어야 합니다. 포리송의 비난에 앞장서고 그에 대해 완벽하게 조사했다는 비달-나케가 보내준 증거들을 나는 면밀하게 검토해보았습니다. 하지만 그 증거들은 설득력이 없었습니다. 결국 내가 합리적으로 내릴 수 있는 결론은 하나뿐이었습니다. 포리송에 대한 비난은 정당하지 못하다는 것이었습니다. 게다가 나는 포리송에 대해 아무것도 모르고 있었습니다. 그가 언론에 보낸 몇 장의 편지를 제외한다면 말입니다. 그런데 포리송은 그 편지들에서 나치에 대항해 싸운 사람들을 칭찬하고 있었습니다.

4　소련 공산당 정치국원 즈다노프Andrei Alexandrovich Zhdanov(1896~1948)는 1947년 코민포름에서 "공산주의자들의 역할은 미국의 제국주의에 맞서 이데올로기 전쟁을 벌이는 것"이라고 주장, 20세기 냉전 시대를 선포했다 - 옮긴이.

— 프랑스가 아닌 다른 나라에서 이 문제로 곤욕을 치른 적이 있었습니까?

— 프랑스는 예외적인 경우입니다. 내 입장 표명이 그런 신경질적인 반응을 불러일으키면서 그 사건이 세상에 알려진 모양입니다. 이스라엘의 반응을 프랑스와 비교해보는 것도 흥미로울 것입니다. 그때 이스라엘 노동당 당보의 편집장이 포리송 사건에 대해 몇 가지 질문을 했습니다. 나는 질문에 대한 대답을 대신해서 짤막한 글을 써 보냈습니다. 그들은 내 글을 당보에 커다랗게 실었습니다. 그 후 편집장은 내 글로 모든 논쟁이 끝났다며 앞으로도 글을 정기적으로 기고해줄 수 있겠느냐고 묻더군요. 그 이후로 이 사건은 한 번도 거론된 적이 없습니다.

물론 끝없이 망치질해대는 광신자들이 없을 수는 없습니다. 그리고 이 사건을 밥벌이로 생각하는 지식인들이 있습니다. 하지만 파리와 파리의 일부 지식인들을 제외하면 거의 무시할 수 있을 정도입니다.

— 좀 더 자세히 말씀해주시겠습니까?

— 그렇게 하자면 제2차 세계대전까지 거슬러 올라가야 합니다. 그 시대부터 그들은 레지스탕스에 대해 거짓말을 일삼아왔으니까요.[5] 프랑스인들은 이제부터라도 레지스탕스 문제에 관심을 가져야 할 것입니다. 종전 이후로 프랑스는 많은 점에서 폐쇄적이었습니다.

---

5 촘스키는 프랑스의 지도층이 나치의 협력자들을 역사에서 지워버리고, 레지스탕스 운동만을 강조하기 위해서 비시Vichy 정부를 꼭두각시로 전락시켰다고 말하는 듯했다.

— 예를 들면 어떤 분야에서 그랬습니까?

— 1930년대부터 빈의 논리실증주의가 전 세계로 확산되었습니다. 1950년
대에 이르러서는 논리실증주의를 모르는 나라가 없을 정도가 되었습니다.
하지만 프랑스에서는 1930년대의 글이 1980년대에야 소개되기 시작했습
니다. 그것도 미국에서 교육받은 한 프랑스 학자 덕분에 말입니다. 정말 흥
미로운 일이 아닙니까? 다른 분야도 크게 다르지 않습니다. 하이데거를 비
롯한 독일 철학자들은 일찌감치 프랑스에 소개되었지만 순전히 우연이었
습니다. 코제브[6]와 같은 학자들이 하이데거의 실존철학에 관심을 가졌기
때문이었을 뿐입니다.

이번에는 소비에트 강제 노동 수용소를 예로 들어볼까요? 1950년에 전
세계, 적어도 서방세계는 굴라크[gulag](사상·정치범의 강제 노동 수용소)의 존재
를 알고 있었습니다. 솔제니친[7]의 책이 서방세계에 소개된 것은 중대한 사
건이었지만, 그 때문에 과거에는 몰랐던 대단한 사실이 밝혀진 것은 아니
었습니다. 하지만 프랑스에서 솔제니친의 책들은 일종의 계시였습니다. 그
리고 파리의 지식인들은 앞다퉈 그 공로를 차지하기에 바빴습니다. 다른
나라보다 30년이나 뒤처졌으면서 말입니다.

과학에서도 마찬가지였습니다. 가장 대표적인 예가 생물학입니다. 서방

---

6 Alexandre Kojève(1902~1968). 1933년부터 파리 고등연구원에서 헤겔Hegel의 '정신현상학'을 주제로 세미나를 열었는데
조르주 바타유Georges Bataille, 레몽 아롱Raymond Aron, 자크 라캉Jacques Lacan, 모리스 메를로퐁티Maurice Merleau-Ponty 등
이 이 세미나를 통해 독일 철학자 헤겔의 저작물을 알게 되었다. 코제브는 역사의 궁극적 목표는 이성과 자유의 도래라는 '역
사적 종언에 대한 헤겔의 이론을 프랑스에 확산시키는 데 커다란 역할을 했다.

7 Aleksandr Isayevich Solzhenitsyn(1918~2008). 《이반 데니소비치의 하루Odin den' Ivana Denisovicha》(1962)로 세계적인 작가
가 되었으며, 1970년 노벨문학상을 수상했다. 당국의 탄압으로 《암병동Rakovy korpus》 등의 대표작들이 국외 출판되고, 《수용
소군도Arkhipelag Gulag》의 국외 출판을 계기로 1974년 강제 추방당했다. 미국에서 살다가 소련 붕괴 후 러시아로 돌아갔다—
옮긴이.

세계에서는 20년 전부터 진화론의 수용 여부에 대해 연구해왔습니다. 모든 선진국에서 거의 차이가 없었지만, 프랑스만은 예외였습니다. 이 연구가 한창이던 시대에 프랑스 생물학자의 상당수가 다윈 이전 시대에 머물고 있었습니다. 그런데도 프랑스 생물학이 획기적으로 발전할 수 있었던 것은 모노[8]의 공로였습니다. 프랑스 현대 생물학이 자크 모노의 조그만 실험실에서 시작했다고 말해도 과언이 아닐 것입니다.

— 프랑스를 엄청나게 공격하시네요……

— 프랑스는 에릭 홉스봄이 번역되어 소개되는 데에 엄청난 시간이 걸린 유일한 나라입니다.[9] 프랑스는 철학과 문학, 그리고 일부 과학 분야에서 상대적으로 소외된 땅이었습니다. 지금도 상당히 폐쇄적인 나라입니다. 지식인들이 외부 세계에서 일어나는 일에 좀처럼 관심을 갖지 않는 자기중심적인 나라입니다. 물론 파리의 지식인 중 소수만이 그렇다는 뜻입니다. 하지만 그들의 영향력이 막강한 것이 문제입니다. 그들이 제3세계, 마오쩌둥주의 등 모든 것에 대한 신화를 만들어냅니다. 하찮기 그지없는 것들을 신화처럼 꾸며댑니다. 현실 세계와 동떨어진 독단적 주장일 뿐입니다.

---

8 Jacques Lucien Monod(1910~1976). 프랑스의 생화학자. 세균의 유전 현상을 연구, 효소 합성을 제어하는 유전자 존재를 확인하고, 구조를 해명한 오페론설을 주장했다. 1965년 노벨생리의학상을 수상했으며, 생명 발생의 우연성을 주장한 《우연과 필연Le hasard et la nécessité》(1970)은 세계적인 관심을 불러일으켰다-옮긴이.

9 Eric Hobsbawm(1917~2012). 영국에서 1994년에 출간된 마르크스주의 역사학자 홉스봄의 《극단의 시대: 짧은 20세기, 1914 -1991 The Age of Extrmes: the short twentieth century, 1914-1991》는 출간 즉시 전 세계에 번역·출간되었지만 프랑스에서는 1999년에야 번역 출간되었다. 홉스봄은 프랑스어 판 서문에서 대형 출판사의 소심증과 파리 지식인 계급의 고집스러운 반反마르크스주의를 꼬집으며, 그의 이전 저서들은 프랑스에서도 다른 곳과 거의 같은 시기에 번역되었다는 점에서 이 책이 뒤늦게야 번역된 이유를 이해하기 힘들다고 밝혔다.

— 선생님이 방금 예로 드신 에릭 홉스봄의 책은 결국 출간되었고 베스트 셀러가 되었습니다. 말하자면 프랑스 국민도 일부는 다른 세계에 관심을 갖고 있다는 뜻이 아니겠습니까?

— 대중은 그렇습니다. 지식인들이 아주 교묘하게 끼어들어 방해하는 것이 문제입니다. 물론 다른 나라의 경우도 크게 다르지 않습니다. 언제나 예외가 있는 법이니까요. 하지만 이런 경향이 다른 나라보다 전후 프랑스의 지식인 계급에서 유독 눈에 띈다는 사실을 솔직히 인정해야 할 것입니다.

3

힘에 의해서만 유지되고 있는 권력은 때로 공포에 떨게 될 것이다.
— 라요시 코슈트(헝가리의 정치가)

누가 무엇으로 세상을 지배하는가

|

통찰력 있는 지식인이라면 대중을 그저 구경꾼으로 만드는
이런 흐름을 꿰뚫어보았을 것입니다.
하지만 대부분의 지식인은 입을 다문 채 대중을 종속시키려는
이런 음모에 가담합니다. 그들의 밥줄이기 때문입니다.

|

— 선생님은 오늘날의 권력을 무엇이라 정의하시겠습니까?

— 권력의 중심은 부자 나라에 있습니다. G3, 때로는 G8로 일컫는 최강대국들,[1] 거대한 다국적기업들, 금융기관과 국제기관이 공동의 이익을 위해 긴밀한 관계를 유지하며 거대한 네크워크를 맺고 있습니다. 실제로 요즘 들어 대부분의 경제활동이 과점寡占 형태로 이뤄진다고 말할 수 있습니다. 적어도 과점 형태의 시장으로 변해가는 것은 사실입니다. 말하자면 강력하고 전제적인 힘을 지닌 소수 집단이 초강대국을 등에 업고, 때로는 국가의 정책 결정에 결정적인 영향력을 행사하면서 일부 경제 분야를 지배하고 있는 상황입니다. 게다가 세계은행(이하 IBRD)[2], 국제통화기금(이하 IMF)[3], 세계무역기구(이하 WTO)[4]와 같은 국제기관들이 세계경제를 좌우하면서 그 영향력을 더욱 확대해가고 있습니다. 특히 WTO는 민주주의를 억압하는

---

1 1973년 미국 재무부 장관의 발의로 5개국(미국, 프랑스, 영국, 독일, 일본) 경제 장관이 회합을 가졌다. 유럽공동체 창설, 브레턴우즈 협정Bretton Woods Agreements 파기, 원유 위기 등 급변하는 국제 환경에 대응해서 산업국가들의 경제정책을 조율하기 위한 연례 회의가 제안되었다. 그 후 이탈리아와 캐나다가 동참하면서 G5, G7으로, 나중에 러시아까지 참여하면서 G8로 확대되었다. G8의 영향력이 쇠퇴하면서 미국·일본·유럽연합(이하 EU)만이 참석하는 G3의 필요성이 대두되고 있다.

2 브레턴우즈에서 회합이 있은 1944년 7월, '재건과 발전을 위한 국제은행International Bank for Reconstruction and Development'이라는 이름으로 창설된 세계은행은 제2차 세계대전의 종전과 더불어 유럽의 재건에 참여했다. 그 후 IBRD는 선진국에서 갹출한 자원을 바탕으로 개발도상국들의 '사회 및 경제 개발을 촉진시키는 데 커다란 공헌을 했다.

3 IMF(International Monetary Fund)는 브레턴우즈 협정에 따라 국제통화 시스템의 운용을 감시하기 위해서 1946년에 창설되었다. 회원국은 경제력에 따라 배분한 분담금을 출자하여 어려움에 처한 나라를 지원한다. 지원받는 나라는 그 대가로 국가 경영에서 IMF의 엄격한 지침을 따라야 한다.

전쟁 무기와 다름없습니다. WTO의 목표는 기업의 경영자들에게 더 많은 권한을 부여하자는 것이니까요.

— 선생님은 대기업의 이해관계와 국가 이익이 혼돈되고 있다고 자주 언급하셨는데…….

— 지난 25년 동안 엄청난 변화가 있었습니다. 굵직한 정치적 결정에 따라 공공 분야가 민간 기업으로 이전되었습니다.

하지만 다국적기업들은 강력한 정부를 원합니다. 울타리처럼 정부의 보호를 받겠다는 생각으로 말입니다. 200년 전, "기업이 정부의 도구이자 정부의 지배자로 변해가고 있다"고 말한 제임스 매디슨[5]의 지적은 지금도 유효합니다. 기업은 기꺼이 정부의 도구가 되었고, 정부는 기업을 앞세워서 목적을 달성하려 합니다. 하지만 기업은 정부를 지배하는 폭군이기도 합니다. 기업이 정부의 정책 결정을 뒤에서 조정한다는 사실을 누가 부인할 수 있겠습니까.

— 그렇다면 오늘날 다국적기업이 국가보다 막강한 힘을 지녔다고 생각하십니까?

---

4   140개국의 회원국을 둔 세계무역기구World Trade Organization는 1995년 우루과이라운드Uruguay Round 협정에 따라 관세 및 무역에 관한 일반협정General Agreement on Tariffs and Trade(GATT)을 대신하여 발족한 국제기구다. WTO의 협약은 국제무역의 기본법으로 여겨지며, 자유무역을 기본 원칙으로 삼고 있다.

5   James Madison(1751~1836). 미국 제4대(1809~1817) 대통령으로 공화당 소속이며,'미국 헌법의 아버지'로 불린다 - 옮긴이.

최강대국들, 거대한 다국적기업들, 금융기관과 국제기관이
공동의 이익을 위해 긴밀한 관계를 유지하며 거대한 네크워크를
맺고 있습니다. 실제로 요즘 들어 대부분의 경제활동이
과점寡占 형태로 이뤄진다고 말할 수 있습니다.
적어도 과점 형태의 시장으로 변해가는 것은 사실입니다. 말하자면
강력하고 전제적인 힘을 지닌 소수 집단이 초강대국을 등에 업고,
때로는 국가의 정책 결정에 결정적인 영향력을 행사하면서
일부 경제 분야를 지배하고 있는 상황입니다.

— 두 세력의 힘을 객관적으로 비교할 기준은 없습니다. 국가와 다국적기업은 운영 방식이 다릅니다. 법적으로는 대기업이라도 국가에 종속될 수밖에 없습니다. 예컨대 미국에서는 어떤 형태의 기업이라도 주법^{州法}에 따라 자격을 취득해야 합니다. 또한 이렇게 취득한 자격은 언제라도 취소될 수 있습니다. 그래서 다국적기업을 중심으로 자격 취득의 취소 요구가 적법한지에 대한 소송이 현재 진행 중에 있습니다. 하지만 기업은 위험과 비용을 사회에 분산시키고, 기업 운영에서 대내외적으로 유리한 환경을 유지하기 위해서도 국가에 의존할 수밖에 없습니다. 재난이 닥쳤을 때 파산을 모면하기 위해서라도 국가의 도움을 받아야 합니다.

최근에 격주간 경제지 《포춘》이 상위 다국적기업 100개사를 대상으로 실시한 조사에 따르면, 국가가 실질적으로 대기업에 유리한 방향으로 개입함으로써 모든 다국적기업이 커다란 혜택을 입은 것으로 밝혀졌습니다. 또한 20개 이상의 대기업이 자금 지원을 받거나 매각을 통해서 파산을 모면한 것으로 드러났습니다.

기업은 독재적 성격을 띤 기관입니다. 현대의 다국적기업들은 '유기적 존재가 개인에 앞선 특권을 갖는다'라는 원칙에 따라 운영됩니다. 그런데 20세기를 피로 물들인 두 형태의 독재 체제, 즉 볼셰비즘과 파시즘도 바로 이런 원칙으로 운영되었습니다. 요컨대 이 셋은 개인에게 절대적인 권리를 인정한 전통 자유주의에 극단적으로 대립하는 사상에 뿌리를 두고 있는 셈입니다.

다국적기업은 이제 엄청난 힘을 과시하면서, 경제·사회·정치 등을 좌우하는 역할을 하고 있습니다. 지난 20여 년 동안 국가정책은 민주주의 원칙을 파괴하면서까지 다국적기업의 권한을 증대시키는 방향으로 나아갔습니

지난 20여 년 동안 국가정책은 민주주의 원칙을 파괴하면서까지
다국적기업의 권한을 증대시키는 방향으로 나아갔습니다.
이른바 신자유주의라는 이름 아래서 말입니다.
달리 말하면 시민의 권한을 개인 기업에 양도하는 것이 신자유주의입니다.

다. 이른바 신자유주의라는 이름 아래서 말입니다. 달리 말하면 시민의 권한을 개인 기업에 양도하는 것이 신자유주의입니다. 다국적기업은 국민 위에 군림하지만, 국민 앞에 책임지지는 않습니다.

— 하지만 신자유주의 정책에 대한 민중의 저항이 점점 거세지고 있습니다. 예컨대 1999년 11월 시애틀에서 개최된 WTO 회의는 민중의 강력한 반발[6]에 부딪혀 뚜렷한 결론을 내리지 못했습니다. 선생님은 이 사건을 어떻게 분석하십니까?

— 시애틀 사건은 지난 20년 동안 권력자들이 억지로 짜맞추려 했던 사회·경제 질서에 대한 여론의 반발이라 생각합니다. 그 질서는 지구에 살고 있는 수많은 민중에게, 심지어 부자 나라의 민중에게도 악영향을 미쳤을 뿐 아니라 인권과 민주주의와 환경의 미래까지 위협하고 있습니다. 시애틀에서 회의가 개최되기 1년 전에도 전투적인 조직들의 대대적인 캠페인으로 경제협력개발기구(이하 OECD)[7]는 다자간 투자협정(이하 MAI)[8]의 체결을 포기해야 했습니다. 이 캠페인에서는 프랑스의 투사들이 결정적인 역할을 해냈습니다.

---

6 1999년 11월 30일부터 12월 3일까지 시애틀에서 개최된 WTO 회의는 국제기구의 전횡과 세계화의 폐해를 비난하는 노동조합, 학생, 비정부기구 등의 시위로 커다란 난관에 봉착했다. 또한 농업 분야에 대한 미국과 유럽의 협상도 결렬되었다.

7 OECD(Organization for Economic Cooperation and Development)는 미국, 캐나다, 서유럽 국가를 회원국으로 하여 1961년에 결성되었다. 2001년 현재 OECD 회원국인 30개 국가가 세계에서 유통되는 재화와 서비스의 3분의 2를 차지한다. OECD는 시장경제와 자유무역의 촉진을 목표로 삼고 있다.

8 OECD 회원국 내에서 체결된 MAI(Multilateral Agreement on Investment)는 강력한 저항에 부딪혀 1998년 12월 폐기되었다. MAI는 외국 투자자를 자국 투자자와 동등하게 대우함으로써 자유로운 직접 투자를 보장하기 위한 프로젝트였다. 유럽의 지식인들은 MAI가 미국적인 발상이며, 결국에는 관련국의 주권까지도 위협하게 될 것이라며 통렬하게 비난했다. 한편 프랑스에서는 영화 관계자들이 문화적 예외 원칙을 내세우며 MAI의 저지 운동에 앞장섰다. 그 결과 프랑스 정부는 1998년 10월에 MAI의 협상 자체를 거부했다.

미국 행정부가 의회에 의견을 구하지 않고 무역협정을 우선적으로 체결하며 사후에 의회가 그 협정을 비준하거나 거부하는 '무역촉진권한' 법안을 도입하려 한 미 백악관의 시도가 기업계와 언론계의 대대적인 지원에도 불구하고 좌절되었습니다. 《월스트리트저널》은 '무역촉진권한' 법안과 최근의 무역협정(WTO, 북미자유무역협정[9] 등)에 반대하는 사람들이 '최후의 무기', 즉 국민을 이용했다고 비난했습니다. 결국 국민은 누구도 소외시킬 수 없고 무시할 수 없다는 사실이 증명된 셈이었습니다.

시애틀의 시위에는 훨씬 많은 사람이 참여했습니다. 예전에 비해 다양한 분야에서 참여했을 뿐 아니라, 능동적으로 행동하려는 의지도 돋보였습니다. 오랫동안 열성을 다해 조직하고 교육한 결과였습니다. 참여한 단체들의 성격에서나, 그들이 보여준 진지함과 뚜렷한 목표 의식에서나 결코 예사롭지 않은 시위였습니다. 그들이 주장한 것은 신문에서 읽을 수 없는 것들이었습니다. 텔레비전에서도 볼 수 없고 고위층의 반응에서도 들을 수 없는 것들이었습니다. 하지만 진실을 알고자 하는 사람은 진실이 무엇인지 알고 있었습니다.

— 조제 보베[10]가 이끈 투쟁에 대해서는 어떻게 생각하십니까?

— 최근 《뉴욕타임스》 1면에 실린 기사에서, 이 신문의 유럽 특파원은 유

---

9 1994년 1월 1일에 발효된 NAFTA(North American Free Trade Agreement)는 캐나다·미국·멕시코 3국 간의 무역과 투자를 증대시키기 위한 무역협정이다.

10 José Bové(1953~). 원래 농부였으나 1999년 8월 프랑스 남부 미요에 건설 중이던 맥도날드 점포를 공격함으로써 단숨에 프랑스 내에서 반세계화의 상징적인 인물로 부상했다. 작은 농업 노조를 이끌면서 시애틀, 몬트리올 등 세계화 반대 시위 현장에 참가하고 있다.

럽인들이 먹는 것까지 직접 결정하려는 이상한 집착을 보인다고 썼습니다. 그 특파원의 결론에 따르면, 유럽인도 미국인처럼 다민족적 질서를 따르는 것이 바람직한 방향이기 때문에 이런 집착은 너무도 비합리적인 행위라는 것이었습니다. 이 기사는 "우리는 우리가 직접 결정하기를 원한다!"고 외친 조제 보베의 말을 인용하는 것으로 시작했습니다. 하지만 이 외침은 프랑스 문화의 타락상과 비합리주의를 대변하는 말로 둔갑해버리고 말았습니다.

— 요즘 들어 이런 저항의 열기가 눈에 띄게 줄어들고 있는 듯합니다. 저항의 열정은 대서양을 넘어 미국에 전해졌지만, 정작 미국 땅에서는 특별한 저항의 조짐이 보이지 않습니다.

— 아닌 게 아니라 그렇습니다. 하지만 절망할 수준은 아닙니다. 대서양을 사이에 두고 미국과 유럽이 약속이나 한 듯이 유전자 조작 물질을 함유한 식품에 가한 압력이 그 증거입니다. 유전자 조작 식품의 효능을 연구하기 위해서 전 세계에서 거대한 실험 프로그램을 진행하던 몬산토 사[11]의 주가가 떨어지기 시작했습니다. 몬산토 사는 공개적으로 사과문을 발표해야 했고 앞으로 실험을 중단하겠다고 약속했습니다. 요컨대 대중의 압력에 몬산토 사는 공개적으로 물러설 수밖에 없었던 것입니다. 유례를 찾아보기 힘든 일이었습니다. 아주 드문 일이었습니다. 대중의 압력, 특히 프랑스 국민의 압력이 이런 결실을 거둬낸 것입니다.

---

11 농화학 제품에서 세계 두 번째, 유전자 변환 농업에서 선두 기업인 몬산토Monsanto 사는 실추된 기업 이미지를 되살리는 데 전력을 기울이고 있다. 한때 화학 분야에서 세계 1위였던 몬산토 사는 지난 40년 동안 미국 국민의 건강과 생태계를 위협했다는 이유로 기소당했다.

— 민주 사회가 공공의 이익이란 대의 大義를 상실했다고 생각하십니까?

— 민주 사회의 어떤 집단이냐에 따라 대답이 달라질 것입니다. 엘리트 집단은 그들의 특권과 권한을 강화하는 데에 혈안이 되어 있습니다. 하지만 일반 대중이 넋을 놓고 있지는 않습니다. 끊임없이 투쟁합니다. 시간이 지나면 발전이 있게 마련입니다. 실제로 지난 수백 년 동안 인권이 향상된 것은 사실입니다. 무척이나 발전이 더디기는 했지만 말입니다. 물론 권력층은 이런 변화를 막으려 안간힘을 다합니다. 하지만 변화의 물결을 완전히 막을 수는 없습니다. 앞으로도 이런 다툼은 계속될 것입니다.

— 선생님은 권력 집단의 행태에 대해 설명하시면서, 종교 집단이나 종교 기관이 막후에서나 전면에서 행사하는 영향력에 대해서는 전혀 언급하지 않은 것으로 알고 있습니다.

— 교황청을 예로 들어볼까요? 가령 교황청이 권력 집단의 이익에 부합하는 성명을 발표한다면 바티칸의 영향력은 실로 엄청날 것입니다. 교황청이 라틴아메리카의 해방신학을 공식적으로 반대하는 입장을 표명한다면 해방신학자들에게 어마어마한 압력으로 작용하게 될 것입니다. 실제로 교황이 라틴아메리카에서 일어난 민중운동을 근절시키는 데에 일조했다는 평가도 있을 정도입니다. 하지만 바티칸이 자본주의를 비난한다면 그 효과는 무시할 수 있는 정도일 것입니다. 아니, 아무런 효과도 거두지 못할 것입니다. 실제로 1999년 요한 바오로 2세는 신년을 맞아 아주 강력한 메시지를 발표했습니다. 마르크스주의와 신자유주의, 둘 모두 인간을 파괴하는 이데올로

기라며 격렬하게 비난했습니다. 하지만 교황의 메시지는 아무런 효과를 거두지 못했습니다. 교황청이 세르비아에 대한 공습[12]을 침략이라 표현하며 비난했지만, 그 소식은 신문 한 귀퉁이에 짤막한 기사로 실렸을 뿐입니다. 바티칸의 영향력은 이런 것입니다.

— 권력은 피라미드 구조라는 속설을 믿습니까?

— 피라미드의 정상에는 아무것도 없습니다! 이 세상은 독재주의 체제가 아닙니다. 물론 독재적 성격을 띤 집단들이 이 세상을 활보하지만, 이 세상을 움직이는 시스템은 결코 획일적이지 않습니다. 때때로 과격한 민중 조직들이 권력자들에게 양보를 받아낼 만큼 강력한 힘을 지닐 수도 있습니다. 1998년 MAI의 체결을 무산시킨 경우가 대표적인 사례입니다.

다국적기업은 물론이고, 언론까지 이 협정을 지원하고 나섰습니다. 세계은행과 IMF도 이 협정의 타결을 바랐습니다…… 말하자면 이 땅에서 가장 강력한 힘을 지닌 권력 집단들 모두가 이 협정을 지원했던 것입니다. 그래도 민중이 이 협정을 반대할지도 모른다는 우려감에 협상은 3년 동안 아주 은밀하게 진행되었습니다. 기업계와 언론계는 이런 협상이 진행되고 있다는 사실을 알았지만 입을 다물고 침묵을 지켰습니다. 하지만 비밀은 언젠가 새어나가게 마련입니다. 마침내 그 소식이 전투적인 조직들에게 전해졌습니다. 민중의 조직들은 인터넷을 최대한 활용하여 힘을 결집하기 시작했습

12 1998년 신유고연방 세르비아 공화국이 자행한 코소보 '인종 청소' 사태를 빌미로 미국을 위시한 북대서양조약기구(이하 NATO)군이 1999년 3월 세르비아를 전면 공습한 사건을 말한다 – 옮긴이.

니다. 그리고 마침내 OECD를 물러서게 만들었습니다. 그 프로젝트 자체를 포기하게 만들었습니다.

세계에서 가장 권위 있는 경제일간지인 런던의 《파이낸셜타임스》는 그 조직들을 '잠을 자지 않은 파수꾼들 Hordes of vigilantes'이라 칭하며 씁쓰레한 기사를 내보냈습니다. 산업계와 기업계의 대표들은 눈물을 삼키며 "재앙이다. 의회의 묵인 아래 비밀리에 협상해온 무역협정이 이제는 끝났다!"고 오열을 터뜨렸습니다.

이 땅에서 가장 강력한 힘을 지닌 집단들이 똘똘 뭉쳤지만, '오합지중'이나 다름없는 민중의 조직들에게 그들은 물러서야 했습니다. 다수의 힘없는 조직들이 승리를 거둔 것입니다. 적어도 일시적으로는 승리였습니다. 그래도 기념비적 승리였고 감동적인 소식이었습니다. 힘은 어디에나 있습니다. 민중이 조직화된다면 어떤 일이라도 해낼 수 있습니다. 산이라도 움직일 수 있습니다.

— 하지만 실질적 권력은 어둠 속에서 정기적으로 은밀히 만나는 사람들이 쥐고 있다는 주장도 있는데요…….

— 그런 회합이 있는 것은 사실입니다. 빌데베르흐 그룹[13]이나 삼각위원회의 회합[14]이 대표적인 예입니다. 물론 부자들과 권력자들의 연례 모임인 다

---

13 Bildeberg Group. 네덜란드의 베른하르트 공Prince Bernhard이 발의하여 1954년에 창설된 그룹으로 빌데베르흐 클럽이라고도 한다. 줄곧 NATO의 영향력 아래 있으면서 냉전 시대에는 철저한 반공주의적 색채를 과시했다. 서구의 정상급 정치인, 군인, 기업인, 금융인이 주로 초청받았으며 현재는 국제금융계의 엘리트들이 의견을 조율하는 비밀 회합으로 알려져 있는데, 클럽에서 있었던 일은 공개되지도 않을뿐더러 외부로 발설되지도 않는다.

보스 포럼[15]도 빼놓을 수 없을 것입니다.

　하지만 이런 모임들은 그저 사교적 모임에 불과합니다. 유치한 수준의 모임이라 할까요? 이런 모임에서는 어떤 중대한 결정도 내려지지 않습니다. 실질적인 결정권자는 다보스에 얼굴을 비칠 필요가 없습니다. 그들은 은밀히 따로 만납니다.

— 다보스에 초청을 받는다면 가시겠습니까?

— 천만에요.

— 왜요?

— 그 사람들이 으스대는 꼴을 내가 왜 봐야 합니까?

— 그래도 그들을 만나면 설득할 수 있을 거라고 생각하지 않으십니까?

— 그들이 내 말에 설득된다면 어떻게 되겠습니까? 무엇보다 자본주의부터 포기해야 할 것입니다. 자본주의 체제를 포기하고, 권력층에 맞서 싸움을 시작해야 할 것입니다. 첫째로 권력층과의 투쟁을 각오해야 할 것이고, 둘째

14　Trilateral Commission. 1973년 유럽, 북아메리카, 일본에서 온 '355명의 저명인사'로 시작된 삼각위원회는 정치계·노동계·기업계·학계 인사들이 공산주의의 확장을 억제하고 국제금융의 흐름을 조절할 목적으로 한자리에 모인 것이었다.

15　Davos Forum. 스위스 다보스에서 1971년부터 연례적으로 지식인, 기업인, 경제학자, 국제 문제 전문가 등이 모여 갖는 비공식적인 '글로벌 세미나'를 가리킨다. 참석자들은 세계화의 첨병들로 국제경제의 발전 방향을 모색한다. 1999년 시애틀 회담의 실패를 계기로 포럼 관계자들은 2000년 모임부터 정치·경제적 의사 결정자 이외에 시민단체의 대표들도 초빙했다.

로 투쟁하려 한다면 자본주의 체제의 일원이기를 포기해야 할 것입니다.

 게다가 내가 그들에게 달리 해줄 말이 없습니다. 그들도 이미 알고 있기 때문입니다. 우리는 동일한 현상을 두고 다른 결론을 끌어내고 있을 뿐입니다.

— 《여론조작*Manufacturing Consent*》에서 선생님은 한 집단의 사회 지배력이 커질수록 그 집단은 정치인과 언론인을 앞세워 권력을 강화한다고 말씀하셨습니다. 실제로 그처럼 정교한 전략을 구사한다고 믿으십니까?

— 물론입니다. 정치권력자들, 대기업의 최고 경영자들, 홍보 관련 기업들에서 어찌 그런 전략을 생각지 않겠습니까? 정교하게 꾸며진 전략의 결실이 바로 여론조작입니다.

— 예를 들어 설명해주시겠습니까?

— 그런 사례는 헤아릴 수 없이 많습니다. 자료로 확실히 증명된 사례 중 하나는 산업계가 1930년대 말에 시작해서 제2차 세계대전으로 소강상태를 맞았지만 전쟁이 끝난 1945년부터 더욱 의욕적으로 다시 시작한 선전 캠페인입니다. 이 캠페인에 관계한 사람들이 발표한 책에서 밝힌 것처럼, 철저하게 계획된 캠페인이었습니다. 1920년대에 사람들은 '역사의 종말'을 맞았다고 생각했습니다. 200년 전부터 여러 차례 똑같은 주장이 있었지만 마침내 현자賢者들의 낙원이 도래했다고 생각한 것입니다. 그로부터 10년 후 모든 것이 사라진 것처럼 보였습니다. 남은 것도 조만간 사라질 것처럼

'개똥철학', 즉 '순간적으로 유행하는 소비재와 같은
천박한 것에 집착하는 인생관'을 노동자들에게 심어주면서
그들이 장시간 노동을 기꺼이 수용하도록 만들었습니다.
타인에 대한 연민, 타인과의 연대 등과 같은
위험한 생각을 잊게 만들었습니다.
요컨대 인간의 가치를 완전히 망각하도록 만들었습니다.

보였습니다. 경제전문지는 '기업가들이 점점 증대하는 대중의 정치력에 직면하게 될 위험성'을 경계했습니다. 미국 정부의 내부 문서에서도 이런 마르크스적 수사법이 자주 등장합니다.

기업계 지도자들은 노동 세력이 무력으로 억압할 수 있는 수준을 넘어섰다고 판단했습니다. 미국은 유난히 폭력으로 유린된 노동운동을 경험한 나라입니다. 그 때문에 수백 명의 노동자가 목숨을 잃었습니다. 다른 산업국가와 비교할 때 터무니없이 많은 희생자를 낸 셈입니다.

폭력적 수단으로 노동자를 억압할 수 없게 되자 기업주들은 선전으로 방향을 선회했습니다. '파업을 분쇄하기 위한 과학적 방법', 즉 노동자의 정신을 통제하는 수단을 동원한 것입니다. 그래서 유명한 모호크 밸리 법칙이 개발되고 시행되었습니다. 이 법칙에 따르면, 전투적인 노동운동가는 '외부의 선동가', 즉 십중팔구 '공산주의자'였습니다. 돈이 필요한 사람에게 언제라도 돈을 빌려주는 정겨운 은행가 친구가 있고, 가난한 사람과 노동자, 정직한 일꾼과 그의 정숙한 아내를 돕기 위해서 하루종일 땀 흘려 일하는 기업주가 있는 나라, 달콤한 미국식 생활방식을 마음껏 즐길 수 있는 행복한 나라, 더할 나위 없이 아름답고 조화로운 우리 나라를 파괴하려는 '공산주의자'였습니다.

이런 메시지를 노동자들에게 심어주기 위해 모든 통로가 동원되었습니다. 언론, 성직자, 영화, 라디오가 동원되었고 나중에는 텔레비전, 노동 현장 주변의 사람들, 스포츠, 학부모 모임과 교사 협의회까지 활용하기에 이르렀습니다. 기업계 지도자들은 '정신과 마음을 얻기 위한 영원한 전투'에 전력투구하고, '노동자들에게 자본주의 사상을 주입시켜야 한다'라는 사실을 깨달았습니다.

제2차 세계대전이 끝난 후 사회민주주의 사상과 다소 급진적인 민주주의 사상의 유입으로 기업의 지배가 위협받자, 선전은 더욱 중요한 위치를 차지하게 되었습니다. 여론과 행동을 통제하기 위해 언론기관과 홍보 기관이 총동원되었습니다. 기업계 지도자의 표현대로 '개똥철학', 즉 '순간적으로 유행하는 소비재와 같은 천박한 것'에 집착하는 인생관을 노동자들에게 심어주면서 그들이 장시간 노동을 기꺼이 수용하도록 만들었습니다. 타인에 대한 연민, 타인과의 연대 등과 같은 위험한 생각을 잊게 만들었습니다. 요컨대 인간의 가치를 완전히 망각하도록 만들었습니다.

— 하지만 세간의 평가에 따르면 선전에 대한 선생님의 생각은······.

— 알고 있습니다. 사회과학의 역할이 컸습니다. 현대 정치학의 창시자 중 한 사람인 해럴드 라스웰[16]은 《사회과학 백과사전 *Encyclopedia of the Social Sciences*》에서 '선전'이란 개념을 설명하면서, "우리는 민중이 자신의 이익을 가장 잘 판단한다는 민주주의적 정설을 포기해야만 한다"라고 말했습니다. 그는 아닐지 모르지만 우리는 '책임 있는 사람'입니다. 힘으로 충분하지 않을 때 우리는 선전술에 의지하지 않을 수 없습니다.

월터 리프먼과 라인홀드 니부어[17]와 같은 저명한 지식인들은 민중을 '방향을 상실한 오합지중'이라 생각했습니다. 또한 "민중은 우매하기 때문에

---

16 Harold Dwight Lasswell(1902~1978). 미국의 정치학자. 프로이트Freud의 정신분석학적 방법론을 정치학에 도입한 선구자이다. 사회 내 가치 분배 형태의 변화를 연구했고 분배에 결정적인 영향을 미치는 권력을 중요하게 보았다 - 옮긴이.

17 Reinhold Niebuhr(1892~1971). 미국 개신교 신학자이자 문명비평가. 신정통주의 지도자로서, 낙관적인 인간관을 비판하고 인간의 죄성罪性을 강조했다. 그의 사상은 종교계 밖의 국제정치학 등에까지 넓고 깊게 영향을 끼쳤다 - 옮긴이.

그들의 행복을 위해서라도 그들을 올바른 방향으로 인도해야 한다"고 생각했습니다. 그들에게 '필연적 환상'을 심어주고, '단순하지만 심리적 효과를 지닌 생각'으로 그들을 길들일 훌륭한 지도자가 있어야 했습니다. 민주주의 국가에서 대중의 역할은 '참여자'가 아니라, '눈앞에 벌어지는 일에나 관심을 갖는 구경꾼'의 역할이어야 했습니다. 이런 생각들은 예부터 저명한 사상가들의 책에서 찾아볼 수 있지만, 20세기 들어 민주 사회를 지배하는 주된 사상이 되었습니다. 이 문제에 대해 심도 있게 연구한 책들이 꽤 많습니다. 어쨌든 정교하게 다듬은 정책과 계획적이고 실질적인 전략이 있었던 것은 틀림없는 사실입니다. 그리고 그 정책과 전략은 대단한 성공을 거두었습니다.

통찰력 있는 지식인이라면 이런 흐름을 꿰뚫어보았을 것입니다. 하지만 대부분의 지식인은 입을 다문 채 대중을 종속시키려는 이런 음모에 가담합니다. 그들의 밥줄이기 때문입니다. 이런 현상에 대해 피에르 부르디외[18]는 "우리는 어떤 식으로 행동해야 하는지 배워야 한다. 그것을 배우지 못한 사람은 택시 기사로 삶을 끝마칠 수밖에 없다"라고 말했습니다. 교육제도가 선별 작업을 합니다. 교육제도가 순종과 복종을 조장합니다. 이런 제도에 따르지 않는 사람은 배제됩니다.

물론 기계적으로 적용되는 것은 아닙니다. 하지만 기계처럼 빈틈없이 운영되고 면밀히 분석될 수 있는 메커니즘입니다.

당신이 이런 체제에 살고 있으면서 체제의 규칙에 어긋나는 어떤 일을

---

18 Pierre Bourdieu(1930~2002). 《상속자들Les héritiers》(1964), 《재생산La reproduction》(1970), 《국가귀족La noblesse d'État》(1989) 등의 저작을 통해 문화적 코드의 습득이 엘리트 집단에게 어떻게 지배적 위치를 안겨주는지에 대해 증명해 보였다. 엘리트 집단이 경제·언어·문화 자본을 독점하는 과정을 추적하고, 학교가 지배계급의 가치관을 교육의 원칙(지능·구어에 대한 문어의 우월성)으로 삼는 한 학교는 현재의 사회질서와 지배 관계를 재생산할 뿐이라는 사실을 입증했다.

하려 한다고 생각해보십시오. 필경 당신 상관이 당신을 불러 '이보게, 너무 감상적인 사람이 되어서는 안 되네. 성공이 눈앞에 있지 않은가'라고 타이를 것입니다. 결국 당신은 방향을 선회합니다. 현실과 타협합니다! 뛰어난 조사 전문 기자들은 이런 사실을 아주 잘 알고 있습니다. 하지만 곧이곧대로 쓰지 못합니다. 진실의 조각을 기사 속에 은밀히 끼워넣는 것에 만족해야 합니다. 반면에 지식인과 언론인의 99퍼센트가 이런 사실을 눈치조차 채지 못하고 있습니다. 그들은 주변 문화에 동참해서 그 안에서 안주하며 살아갑니다.

— 빌 게이츠가 미국 대통령보다 막강한 힘을 지녔다고 생각하십니까?

— 적절한 비교가 아닙니다. 미국 대통령은 제한된 권력을 지닐 뿐입니다. 거대한 집단들이 강요하는 틀을 깨려고 한다면 미국 대통령이라도 무력한 존재로 전락하고 말 것입니다.

1992년, 즉 빌 클린턴의 등장 초기가 좋은 예입니다. 당시 경제가 침체에서 벗어나지 못하고 있어 클린턴의 자문 위원 중 일부가 경제를 활성화시키기 위한 조치를 취하려 했습니다. 그들은 두세 가지 사회정책을 제안했습니다. 유럽에서는 인지조차 못할 만큼 아주 온건한 정책이었습니다. 그런데 금융계가 즉각 반발하고 나서 그 정책을 중단시켰습니다. 채권 유통이 늘어나고 자본이 유출될 것이라고 협박하면서 말입니다.

결국 클린턴은 우익에 편향된 입장을 취할 수밖에 없었습니다. 과거 대통령들이 그랬듯이 기업계의 이익을 대변하는 전통적인 역할로 돌아가야 했습니다. 그 후 모든 정책이 공공연히 우익적 성향을 보였습니다.《월스트리트저널》의 기사에서도 확인되는 것입니다. 밥 우드워드[19]가 출간한 책을 포함해 여러 책에서 이런 사실을 지적하고 있습니다. 국가마저도 이런 식으로 운영되고 있는 현실입니다.

— 기업의 자율성이 보장될수록 빌 게이츠에게 유리하다고 생각하십니까?

— 빌 게이츠라고 미국 대통령과 크게 다르지 않습니다. 금융자본의 힘은 정치권력에서 나옵니다. 빌 게이츠의 힘도 외부의 힘에 영향을 받지 않을 수 없습니다. 예컨대 그가 재산을 축적하고 권력을 얻게 된 근거인 테크놀로지의 발전에 결정적 공헌을 한 연방 정부가 그의 미래를 쥐고 있다고 말해도 과언이 아닙니다. 어쨌든 빌 게이츠가 게임의 규칙에 순응하는 한 지금의 권력을 그대로 유지할 수 있을 것입니다.

지금의 경제 현상은 과점입니다. 독점이 아닙니다. 이유가 없지는 않습니다. 거대 기업의 입장에서는 과점 상태가 독점 상태보다 유리하기 때문입니다. 한 회사가 전화를 독점적으로 공급한다면 여론의 압력을 이겨내기 힘들 것입니다. 게다가 전화 회사는 공공 서비스 업체로서 소명을 다해야 한다는 법까지 있습니다. 하지만 과점 체제인 경우 기업은 치열한 경쟁을 이유로 갖가지 핑계를 댈 수 있습니다.

현재 민간항공 산업은 에어버스와 보잉이라는 두 거대 회사가 양분해 차지하고 있습니다. 두 회사 모두 엄청난 공공자금을 지원받고 있습니다. 당신이 두 회사의 비행기로 여행한다면, 십중팔구 민간용으로 개조한 군용

19 Bob Woodward(1943~). 칼 번스틴Carl Bernstein(1944~)과 함께 워터게이트 사건을 폭로한 기자이다. 당시 두 사람은《워싱턴포스트 *The Washington Post*》의 조사 전문 기자였다.

화물기나 폭격기를 타고 여행하는 셈입니다. 다른 경제 분야도 다르지 않습니다. 특히 글로벌한 네트워크를 자랑하는 언론계가 그렇습니다. 이런 실정에서 진실한 보도를 기대할 수 있겠습니까!

최초의 연구 개발에는 대체로 공공자금이 대대적으로 투자됩니다. 그런 후에 기업의 과점이 시작됩니다. 자동차 산업도 똑같은 과정을 밟았습니다.

이제 마이크로소프트 차례입니다. 마이크로소프트가 독점 기업으로 변할 조짐을 보였지만, 기업계는 언제나 약간의 다양성을 추구하는 집단이기 때문에 그런 조짐을 허용하지 않았습니다. 결국 마이크로소프트도 지금 스스로 날개를 꺾고 있는 중입니다.

— 개인적으로 마이크로소프트나 보잉, 나이키의 소유주를 만날 의향이 있으십니까?

— 못 만날 이유가 있겠습니까? 그들이나 나나 똑같은 땅에 발을 딛고 사는데요. 그들은 내가 무슨 일을 하는지 알고, 나는 그들의 입장을 이해합니다. 물론 서로 반대편에 서 있기는 하지만 우리는 똑같은 방식으로 세상을 본다고 생각합니다.

심지어 미국중앙정보국(이하 CIA)도 우리와 똑같은 방식으로 세상을 봅니다. 예컨대 대중에게 부분적으로 공개된 정보기관의 자료를 한번 읽어보십시오. 고위 정책 담당 부서와 기획 부서의 자료를 읽어보십시오. 아주 흥미로운 사실을 확인할 수 있을 겁니다. 그들의 접근 방식과 분석법이, 그들을 비판하는 좌익계 인사들의 것과 무척 흡사합니다. 심지어 마르크스주의에 근간을 둔 표현까지도 놀라울 정도로 똑같습니다. 다만 동일한 현상에서 끌어내는 결론이 서로 다를 뿐입니다. 하지만 그 결론들은 세상에서 벌어지는 일들을 해석하는 방법의 차이, 결국 가치관의 차이를 반영하는 것입니다.

— 좀 더 자세히 말씀해주시겠습니까?

— 1954년 과테말라 정부의 전복[20]에 관련된 분석을 예로 들어보겠습니다. 민주 정부를 전복시키고, 그 후 과테말라 국민의 대다수에게 엄청난 고통을 안겨준 40년간의 공포정치가 시작된 사건이었습니다. CIA를 비롯한 여타 정보기관들의 판단에, 당시 과테말라의 상황은 '1944년의 과테말라 혁명을 연상시킬 정도로 국가 이익을 우선하는 정책, 그리고 개혁을 적극적으로 지지하는 태도로 미루어보건대…… 공산주의자들에게 영향받은 것'이 분명하므로 '미국의 국익에 이롭지 않은 것'이었습니다. 이리하여 10년 전에 태동된 민주주의의 싹이 미국의 지원을 받은 군부의 쿠데타로 완전히 꺾이고 말았습니다.

게다가 과테말라에서 시작된 민주적인 자본주의 정부의 '극단적인 민족주의 정책'은 '외국 기업, 특히 유나이티드프루트 사United Fruit Company의 경제적 이익을 박탈'할 뿐 아니라 '과테말라 국민 대다수에게 전폭적인 지지를 얻고 있다'라는 판단도 있었습니다. 말하자면 과테말라 정부는 노동자계급을 재정비하고 농업 개혁을 단행해서, 그때까지 정치적으로 무력한 존재였던

---

20 19세기 후반 이후 과테말라의 경제 및 주요 권익은 미국 자본이 지배했다. 1944년 쿠데타로 친미 정부가 전복되고 좌파 정부가 수립되자, 1954년 미국은 우파 세력을 지원하여 좌파 정부를 전복시키는 군사 쿠데타를 일으켰다. 이후 과테말라에서는 1996년 아르수Arzú가 집권하기까지 40여 년 동안 우익 정권과 좌익 게릴라 단체 간의 내전이 계속되었다 — 옮긴이.

농민을 우대함과 동시에 대지주의 권한을 대폭 제한함으로써 '현 체제에 대한 대중의 지지'를 끌어내려 한 것이었습니다. 따라서 민주정치와 독재 정치, 국가의 경제적 독립과 경제적 제국주의의 현격한 차이를 뚜렷이 대비시킨 과테말라 정부의 선전은 카리브 해 지역 전체를 혼란에 빠뜨리기에 충분한 위협 요소였습니다.

과테말라가 '독재'에 맞서 싸우는 '민주주의'라는 개념을 카리브 해 연안의 다른 나라들에 퍼뜨리는 것도 불안 요인이었습니다. 특히 과테말라가 코스타리카의 정치 지도자인 호세 피게레스[21]를 지원하겠다고 공언한 것은 무엇보다 화급히 해결해야 할 문제였습니다. 피게레스는 제2차 세계대전 종전 후부터 중앙아메리카에 민주주의를 정착시키려 노력한 인물 중 하나였습니다.(제2차 세계대전이 끝나기 전까지 피게레스는 친미주의자로 CIA의 충실한 친구였습니다.)

1944년의 과테말라 혁명은 '군사독재와 사회적 침체, 그리고 과거의 유산인 경제 식민지에서 과테말라를 해방시키려는 가열한 민족운동'으로 연결되었습니다. 이 민족운동은 정치적으로 각성한 과테말라 국민의 이익에 부합되는 것으로, 과테말라 국민의 충성심을 고취시켰습니다. 그러나 이런 모든 현상이 과테말라 국민의 '낮은 지적 수준'을 드러낸 것으로 해석되었습니다. 국무부 고위 관리의 해석에 따르면, 과테말라는 "온두라스와 엘살바도르의 정치적 안정을 해치는 위협적인 존재였습니다. 과테말라의 농업 개혁은 강력한 선전 무기였습니다. 또한 상류계급과 외국 기업과의 투쟁에

---

21 José Figueres Ferrer(1906~1990). 1949년 코스타리카 대통령 선거 부정에 항의, 내란이 발생하자 국민자유당의 호세 피게레스가 반정부군을 지휘하여 정권을 장악하였다. 그 후 18개월간 일련의 개혁 정책을 실시한 피게레스는 야당에게 정권을 인계, 현대 민주국가의 기틀을 마련했다. 피게레스는 1954년 다시 대통령으로 당선되어 사회주의 진보정치를 실시했다-옮긴이.

서 노동자와 농민을 지원하는 대대적인 사회 개혁 프로그램은 비슷한 처지에 있는 중앙아메리카의 인근 국가들에도 영향을 미칠 수 있는 위험한 것이었습니다".

이런 이유로 미국의 아이젠하워 대통령과 덜레스 국무장관은 "과테말라의 정신적이고 물질적인 지원으로 온두라스에서 파업이 일어난 것일 수 있다"라는 정보에 미국의 안보와 안전이 위협받을 수 있다고 생각했던 것입니다.

공개된 연방 사료에서 비슷한 사례들을 얼마든지 찾아볼 수 있습니다. 다른 서방 강대국들의 경우도 폭로 기사나 대중에게 공개된 자료로 판단하건대, 미국의 경우와 조금도 다르지 않습니다. 오히려 더 심했습니다.

— 1993년 시애틀에서 열린 석유수출국기구^{OPEC} 정상회담 이후 미국에서 개최된 국제 정상회담은 언제나 민간 기업에서 재정 지원을 받았습니다. 1999년 역시 시애틀에서 개최된 WTO 회담의 스폰서도 마이크로소프트와 보잉이었습니다. 이런 재정 지원이 정상회담의 결과에 영향을 미친다고 생각하십니까?

— 다국적기업은 공동의 이익을 모색하면서 이런 유형의 회담에 기꺼이 재정적으로 지원합니다. 하지만 마이크로소프트와 보잉은 정치권력의 산물입니다. 제2차 세계대전 전까지 보잉그룹은 적자 기업이었습니다. 그러나 전쟁이 시작되면서 보잉그룹은 전투기와 폭격기를 생산하는 최고의 기업이 되었습니다. 협잡과 뇌물과 투기로 보잉은 막대한 자본을 축적했습니다. 대부분의 신기술이 군에서 개발된 후에 민간 기업으로 이전된 것입니다.

공공 분야의 창의적 발상과 공공자금으로 개발된
이런 모든 것은 당연히 공공의 재산이 되어야마땅하지만,
알 수 없는 이유로 민간 기업에 양도되었습니다.
마이크로소프트처럼 말입니다.

마이크로소프트의 경우도 마찬가지입니다. 마이크로소프트의 힘은 주로 컴퓨터에 근거를 두고 있습니다. 물론 몇 년 전부터 인터넷도 커다란 몫을 차지하기 시작한 것은 사실입니다. 컴퓨터는 원래 군에서 항공 방어 시스템을 개발하면서 발전한 것입니다. 정보 기술에 대한 연구도 공공 분야에서 재정 지원을 받았습니다. IBM이 타자기나 생산하던 것에서 벗어나 기업으로 성장할 수 있었던 이유도 정부가 재정 지원한 연구 개발 프로그램 용역을 받았기 때문입니다. 1950년대에 이런 개발 자금 전부가 공공 분야에서 지원한 것입니다. 요즘도 마찬가지입니다. 미래의 테크놀로지에서 최첨단 영역은 공공 분야가 전적으로 재정을 떠맡고 있습니다. 반도체, 마이크로프로세서, 대부분의 최첨단 테크놀로지가 공공 분야에서 지원한 연구의 산물입니다.

인터넷도 마찬가지입니다. 지난 30년 동안 인터넷에 관련된 대부분의 아이디어와 개발, 자금과 용역이 공공 분야에서 나온 것입니다. 웹도 공공 분야가 지원한 연구로 완벽하게 정리될 수 있었습니다. 1995년 인터넷이 민간 기구로 이전된 과정은 아직도 밝혀지지 않고 있습니다. 공공 분야의 창의적 발상과 공공자금으로 개발된 이런 모든 것은 당연히 공공의 재산이 되어야 마땅하지만, 알 수 없는 이유로 민간 기업에 양도되었습니다. 마이크로소프트처럼 말입니다.

— 공공의 재산이 민간 기구로 양도되었다고 말씀하셨는데, 확실한 증거라도 있습니까?

— 조금 전에도 말했듯이 그 과정이 완전히 베일에 가려져 있습니다. 많은

사람들이 이런 현상을 걱정하고 있습니다. 특히 일선 연구자들의 걱정은 대단합니다. 하지만 내가 아는 한 이 문제에 대한 본격적인 조사는 지금껏 한 번도 없었습니다.

── 결국 국가가 민간 분야에 보조금을 준다고 미국 정부 관리가 프랑스를 비난하는 것은 미국 정부의 위선을 드러낸 셈입니다. 미국에서도 국가가 민간 분야에 보조금을 나눠주고 있지 않습니까?

── 이런 사실을 알면서도 입을 다물고 있는 경제 전문가와 지식인이 가장 큰 위선자입니다. 우리는 매일 신문에서 시장경제의 기적과 기업 정신을 극찬하는 기사를 읽습니다. 하지만 실상은 모든 경제가 국가에 크게 의존하고 있습니다!

첨단 테크놀로지 분야의 연구에서 미국을 선두에서 끌어가는 기관은 미국방위고등연구계획국(이하 DARPA)[22]입니다. DARPA는 국방부 내에 있는 조그만 기구이지만 수많은 대형 연구 프로젝트를 개발한 산실입니다. 인터넷을 개발한 곳도 바로 이곳입니다. 요즘 DARPA는 생명공학에 관련된 프로젝트를 지원하고 있습니다. 항생물질을 견뎌낼 수 있는 박테리아에 대한 연구 프로그램을 지원하는 곳도 바로 이곳, 정부기관입니다. 이 프로그램에서 획기적인 결실을 얻어낸다면, 앞으로 20년 내에 제약업계는 엄청난 이익을 거둬들일 것입니다.

---

22 Defence Advanced Research Project Agency(DARPA). 미국 국방부의 중앙 조사 개발 기구로 1958년 아이젠하워 정부가 신설한 고등군사연구계획국Advanced Research Projects Agency(ARPA)이 8개월 후 신설된 미국항공우주국National Aeronautics and Space Administration(NASA)에 우주개발 업무를 이관하고 국방 관계 기술 개발만 전담하는 기관으로 개편됐다 ─ 옮긴이.

나노 기술[23]도 마찬가지입니다. 공공자금이 나노 기술 연구에 대폭 투자되겠지만, 그 열매는 민간 기업의 차지가 될 것입니다.

가장 이해할 수 없는 것은 항공 산업을 둘러싸고 유럽과 미국이 벌이는 다툼입니다. 서로 자국 항공 산업에 보조금을 지급하고 있다고 비난을 하고 있습니다만, 공공자금의 개입 없이 항공 산업이 발전할 가능성은 거의 없습니다. 그런데 출자자들은 이런 사실도 모른 채 항공 산업에 투자하고 있습니다.

---

23 Nano Technology. '나노'는 10억분의 1을 나타내는 단위로, 나노테크놀로지는 극히 미세한 물질의 제작을 가리키는 개념이다. 예컨대 원자로 원자를 만드는 것에 비유된다.

큰 재물에는 반드시 큰 불평등이 따른다.
한 사람의 부자가 있으려면 200명의 가난한 사람이 필요하다.
— 애덤 스미스(영국의 경제학자)

자본주의는 없다

|

적어도 순수한 시장경제의 의미에서 자본주의는
존재하지 않습니다. 비용과 위험을 공동으로 부담하는 거대한 공공 분야와,
전체주의적 성격을 띤 거대한 민간 분야가 양분하고 있는 경제 현실에
우리는 살고 있을 뿐입니다. 이런 세상은 자본주의가 아닙니다.

|

— 베를린장벽의 붕괴, 테크놀로지의 발달, 금융거래의 가속화 등이 자본주의의 성격을 확연히 바꿔놓았습니다. 이 엄청난 변화를 제대로 이해하자면 과거의 기준을 벗어나야 하기 때문인지 누구도 지금까지 그 진실한 모습을 충실하게 설명하지 못하고 있습니다. 그 때문에 현실과 이론 간의 괴리가…….

— 베를린장벽의 붕괴는 대단한 파급효과를 가졌습니다. 테크놀로지의 발전이 있었던 것도 사실이지만 실제로는 그 이전부터 꾸준히 지속되던 것이었습니다. 물론 테크놀로지의 발전이 모든 것을 가속화시킨 것은 사실이지만 가장 큰 변화는 다른 곳에서 있었습니다. 1970년대 초, 미국이 앞장서고 영국이 뒤따랐던 자본의 법칙을 파기하기로 결정한 사건이었습니다.

브레턴우즈 협정[1]은 자본의 흐름을 규제하기 위한 것이었습니다. 제2차 세계대전이 끝날 즈음 영국과 미국이 브레턴우즈 체제를 창설했을 때만 해도 민주주의에 대한 뜨거운 열망이 있었습니다. 브레턴우즈 체제는 사회민주주의적 이상理想, 달리 말하면 복지국가를 세우기 위한 열정으로 이해되

---

1 1944년 7월에 작성된 협정으로 국제통화 금융 체제를 재조직하기 위한 것이었다. 모든 통화의 자유로운 태환, 달러의 금 변환 등을 시행함으로써 미국달러를 국제통화의 기준으로 승격시키는 데 기여했다. 그러나 1971년 달러의 금 변환을 일방적으로 정지시킨 닉슨 대통령의 결정으로 브레턴우즈 체제는 커다란 타격을 입었고, 그 후 서서히 폐기되어가는 중이다.

었습니다. 그렇게 하자면 자본의 이동을 규제해야 했습니다. 자본이 국경을 넘어 제멋대로 이동하도록 내버려둔다면, 언젠가 금융기관과 투자자가 국가정책을 결정하는 위치까지 올라서게 될 것이란 우려가 있었기 때문입니다. 금융기관과 투자자는 '실질적인 의회'가 될 수 있습니다. 아무런 실체도 없는 그들이 자본을 회수한다거나 그 밖의 다른 금융 조작으로 국가를 위협하면서 국가정책에 영향력을 행사할 수 있습니다.

브레턴우즈 체제는 자본의 흐름을 규제하고 악의적인 투기와 자본 유출을 근원적으로 차단하기 위해 교환율을 조절함으로써 민주주의와 사회민주주의의 이상을 지켜낼 방책이었습니다. 그런데 이 체제가 1970년대 초 붕괴되기 시작했습니다. 그 결과로 민간 기업, 특히 금융자본이 대대적으로 이동하기 시작했습니다. 산업자본과 긴밀한 관계가 있는 금융자본의 이동은 심각한 문제였습니다. 그리고 우려했던 현상이 전 세계에서 일어났습니다. 공공서비스의 질이 현격하게 떨어졌습니다. 사회보장제도가 변질되고, 실질임금이 제자리걸음이거나 떨어졌습니다. 하지만 노동시간은 늘어나고 노동조건도 악화되었습니다…….

— 일부에서는 자본 회수라는 위협으로 국가정책을 좌우할 정도로 금융자본의 힘이 막강하다고 주장합니다. 선생님은 이런 주장에 대해 어떻게 생각하십니까?

— 1971년에는 국가 간에 거래된 자본의 90퍼센트가 실물경제와 관련된 것이었습니다. 약 10퍼센트 정도만 투기적 성격을 띠었습니다. 그런데 요즘에는 완전히 달라졌습니다. 국가 간에 거래되는 자본의 95퍼센트 이상이

투기적 성격을 띤 것으로 추정됩니다. 뒤집어 말하면 실물경제에 관련된 자본거래는 미미하다는 뜻입니다. 더구나 이런 투기 자본은 상상을 초월할 정도의 폭발력을 갖고 있습니다.

이 모든 것이 국민의 희생을 담보로 한 것입니다. 실제로 세계 전역에서, 국민에게 봉사해야 할 국가의 역할이 쇠퇴하고 실질임금은 답보 상태에 있거나 줄어들었으며 노동시간은 늘어났지만 노동조건은 더욱 악화되었습니다.

예외가 없지는 않지만 대체적으로 경제지표가 불건전한 것도 주목할 만한 현상입니다. 성장률과 생산성, 투자가 줄어들었습니다. 이자율이 상승하면서 성장의 걸림돌이 되었고, 경제가 불안해지면서 금융 위기가 반복되었습니다. 물론 일부 분야의 성장은 그야말로 눈부실 정도입니다. 하지만 대다수의 국민에게 그 혜택이 돌아가는 것이 아닙니다. 부자 나라의 국민에게도 그림의 떡일 뿐입니다.

— 성장이 특히 금융자본에 집중되었지요?

— 금융자본은 문자 그대로 엄청난 이익을 거둬들이고 있습니다. 투기 자본의 총액은 거의 천문학적입니다. 대략 20억 달러가 매일 국경을 넘어 이동하고 있습니다. 예전에 비해 수백 배가 넘습니다. 게다가 단기성 투자도 만만치 않습니다. 경제에는 결코 좋은 현상이 아니지만 금융자본의 입장에서는 훨씬 수익률이 높습니다.

— 이런 자본주의 모델을 대체할 경제모델이 있다고 생각하십니까?

— 자본주의요? 자본주의는 존재하지 않습니다. 적어도 순수한 시장경제의 의미에서 자본주의는 존재하지 않습니다. 비용과 위험을 공동으로 부담하는 거대한 공공 분야와, 전체주의적 성격을 띤 거대한 민간 분야가 양분하고 있는 경제 현실에 우리는 살고 있을 뿐입니다. 이런 세상은 자본주의가 아닙니다.

— 그렇다면 현재의 경제체제를 어떻게 정의하시겠습니까?

— 엄청난 권력을 지닌 개인 기업들이 서로 전략적으로 연대하고 강력한 국가권력에 의존하면서 위험과 비용을 분산시키는 체제입니다. 그래서 '연대 국가 자본주의Alliance State Capitalism' 혹은 '기업 중상주의Corporate Mercantilism'라 부르기도 합니다. 아직까지 꼭 들어맞는 명칭을 찾아내지 못했지만, 애덤 스미스나 시장의 보이지 않는 손을 믿었던 학자들이 요즘의 자본주의를 본다면 소스라치게 놀랄 것입니다.

자유무역론은 "노동은 이동 가능하지만 자본은 이동 가능하지 않다"라는 가정에서 출발합니다. 따라서 데이비드 리카도[2]는 "자본은 이동하지 않는다"라는 원칙하에 경제를 설명합니다. 리카도의 설명에 따르면, 영국 자본가가 자본을 포르투갈에 수출할 수 있다면 포도주와 옷감 모두를 포르투갈에서 생산하는 것이 이론적으로 훨씬 논리적입니다. 하지만 리카도는 영국 자본가들이 영국 땅에서 자신들의 자본을 관리하는 것이 낫다는 전제에서

---

2 David Ricardo (1772~1823)는 애덤 스미스의 자유무역론을 계승 발전시켰다. 리카도는 비교우위론을 바탕으로 보호주의에 반대하는 이유를 설명했다. 국가별로 생산품을 전문화하는 것이 훨씬 효율적이라는 사실을 증명하기 위해서 영국과 포르투갈이 각각 옷감과 포도주를 생산하는 경우를 예로 들었다.

벗어나지 않았습니다.

적어도 이론은 그렇습니다. 하지만 현실은 정반대입니다. 노동은 이동하지 않습니다. 수 세기 전부터 노동이 이동한 적은 없었습니다. 하지만 자본은 마음대로 국경을 넘나듭니다.

20세기 초에도 세계화 바람이 불었습니다. 오늘날의 열풍에 비교될 만한 세계화 바람이었습니다. 하지만 오늘날과는 커다란 차이가 있었습니다. 그 중 하나가 이민 물결로 대대적인 노동의 이동이 있었다는 사실입니다. 하지만 오늘날은 어떻습니까? 이민이 엄격하게 규제되어 노동의 이동이 쉽지 않습니다. 또한 무역 관습, 금융거래의 빈도와 규모에서도 커다란 차이가 있습니다.

— 결국 모든 면에서 우리 경제는 자유경쟁 체제의 껍데기만 흉내 내고 있다는 뜻입니까?

— 금융 부분을 제외한다면 그렇습니다. 실제로 금융시장은 완전히 개방되었습니다. 어떤 규제도 없다고 말할 수 있습니다. 그 때문에 경제만이 아니라 사람까지 엄청난 피해를 입고 있습니다.

금융 위기가 반복되는 이유도 바로 여기에 있습니다. 1997년 아시아의 금융 위기도 시장의 규제 장치가 마비된 결과였습니다. 일반적인 관측에 따르면, 금융의 탈규제화 때문에 고도성장과 공평한 분배로 정의되는 1950년대와 1960년대의 황금시대가 끝나고 대다수 국민의 실질임금의 정체나 하락, 노동시간의 증가, 사회보장제도의 악화, 민주주의의 쇠퇴 등으로 특징 지위지는 시대가 되었습니다. 이런 변화가 금융시장의 탈규제화와 거의 동시에 닥친 것이 사실입니다. 수많은 경제학자들이 단순한 시간적 일치가 아니라고 생각하는 이유가 없지 않습니다.

반면에 생산 체제는 금융 체제만큼 탈규제화되지 않았습니다. 비교 자체가 어리석은 짓일 정도입니다. 게다가 공공 분야는 여전히 국가의 주도 하에 있습니다.

다른 관점에서 말해볼까요? 고전경제학파의 자유무역론은 다국적기업의 공격으로 만신창이가 되었습니다. 그 덕분에 새로운 무역협정으로 다국적기업은 자국민과 동등한 대접을 받게 되었습니다. 예컨대 제너럴모터스사가 멕시코에 공장을 세우면 멕시코 기업과 똑같은 대우를 받습니다. 하지만 멕시코 시민이 미국에 가서 미국 시민과 똑같은 대우를 받을까요? 천만의 말씀입니다. 요컨대 사람은 현지 국민과 동등한 대우를 요구할 수 없지만, 유기적 존재인 기업은 그런 권리를 요구할 수 있습니다. 그야말로 고전경제학파의 자유무역론에 대한 심각한 도전이 아닐 수 없습니다. 애덤 스미스가 다시 살아나 이런 작태를 본다면 아마도 무덤으로 다시 들어가고 싶을 것입니다.

— IMF는 이런 경제 환경에서 어떤 역할을 하고 있습니까? IMF도 세계경제를 이런 상황으로 몰아간 주역의 하나가 아닐까요?

— 물론입니다. 결코 무시할 수 없는 역할을 해낸 주역입니다. 한 나라가 파산 상태에 빠지면 IMF가 재정 지원에 나섭니다. 그런데 IMF가 인도네시아에 돈을 보낸다고 하면 그 돈이 어디로 가는지 아십니까? 정작 필요한 사람에게 가는 것이 아니라 투자자와 대금업자, 쉽게 말해서 은행에 돈이

넘어갑니다 ······. 어중간한 반# 자본주의 체제에서는 투자의 위험도가 클수록 수익도 비례해서 커집니다. 이 둘은 언제나 한 쌍입니다. 요컨대 지갑을 두툼하게 하려면 위험한 분야에 투자해야 합니다.

하지만 위험한 곳에는 최소한의 돈을 투자하는 것이 원칙 아닙니까? 그런데 IMF는 모든 것을 뒤집어놓았습니다. 언젠가부터 투자자들은 인도네시아나 타이처럼 위험한 나라에 서슴없이 투자하여 막대한 수익을 올리고 있습니다. 그야말로 땅 짚고 헤엄치기와 같습니다. 문제가 생기는 즉시 해당 국가의 공공자금이 투여되니까요. 이 때문에 경제학자들이 '모럴 해저드'(도덕적 해이)라 칭하는 현상이 심화되는 것입니다. 이런 체제는 결코 자본주의가 아닙니다.

— 전자 칩의 발명으로 커뮤니케이션 방법에 일대 혁명이 일어났습니다. 뒤집어 생각해보면 이것은 현재의 경제체제를 일거에 마비시킬 수 있는 치명적인 무기로 둔갑할 수도 있습니다. 이런 혁신의 결과를 어떻게 평가하십니까?

— 기술혁신은 많은 것을 변화시켰습니다. 하지만 범선을 이용한 커뮤니케이션이 전화로 바뀐 것만큼 우리 경제에 영향을 미친 것은 없을 것입니다. 1세기 전만 해도 미국에서 영국으로 편지를 보내려면 범선을 이용할 수밖에 없었습니다. 모든 것이 순조로워도 몇 주가 걸렸습니다. 그런데 요즘엔 전화기만 들면 상대와 통신할 수 있습니다. 이처럼 우리 삶을 변화시킨 기술혁신이 달리 있을까요?

— 테크놀로지의 혁신에 탈규제화가 더해지면서 경제체제를 불안하게 만든 것은 아닐까요?

— 심도 있는 분석이 필요합니다. 세계경제를 끌어가는 동인動因이 무엇인지 완벽하게 알고 있는 사람은 하나도 없습니다. 특히 금융시장을 설명하기 위해 제시되는 경제모델은 거의 매년 바뀝니다. 상상을 초월하는 사건들이 일어나면서 다른 여러 경제모델을 무색하게 만들고 있으니까요. 현재의 금융시장이 어떤 이론으로도 설명되지 않는다는 것을 모두가 알고 있습니다.

존 메이너드 케인스[3]의 이론에 따르면, 금융시장은 합리적으로 설명되지 않는 시장입니다. 금융시장은 집단행동, 즉 부화뇌동하는 특징을 띱니다. 그래서 케인스는 금융시장을 미인 경연대회에 비유했습니다. 심사위원들이 경연자들을 개인적 판단에 따라 채점하지 않고, 다른 심사위원들의 판단을 고려하는 정도에 그치는 것이 아니라 아예 판단의 기준으로 삼는 곳이 바로 미인 경연대회가 아닙니까! 금융시장과 투기시장도 다를 바가 전혀 없습니다. 모두가 다른 사람들의 투자 방향을 짐작하느라 여념이 없습니다. 모두가 똑같은 방향으로 달려갑니다. 그 결과가 무엇입니까? 지수가 미친 듯이 널뛰기를 합니다. 대공황에 버금가는 대폭락이 일어나고, 거꾸로 급격히 상승합니다 ……. 이처럼 지수가 등락을 거듭하며 금융시장은 나날이 새로운 기록을 만들어냅니다. 달리 말하면 일정한 간격으로 금융시

---

3 John Maynard Kaynes(1883~1946). 고전학파의 경제 이론을 완전히 뒤집어놓은 영국의 경제학자. 그가 쓴 《고용·이자 및 화폐의 일반 이론 *The General Theory of Employment, Invest, and Money*》(1936) 등은 제2차 세계대전 후 공공 정책의 이론적 근간이 되었다. 케인스는 증권시장에 끼어든 투기꾼들이 서로 동태를 감시할 때 주주의 기대치가 불안정해진다고 지적하면서 투기 자본의 폐단을 비난했다.

금융시장과 투기시장도 다를 바가 전혀 없습니다.
모두가 다른 사람들의 투자 방향을 짐작하느라 여념이 없습니다.
모두가 똑같은 방향으로 달려갑니다. 그 결과가 무엇입니까?
지수가 미친 듯이 널뛰기를 합니다.

장에 회오리바람이 몰아치며 재앙이 닥칩니다.

— 그럼 누구도 금융시장의 앞날을 정확히 예측할 수 없다는 뜻입니까?

— 1998년 가을, 세계경제는 그야말로 벼랑 끝에 서 있는 격이었습니다. 중앙은행들의 중앙은행으로 가장 권위 있는 국제기관, 즉 스위스 바젤에 본부를 둔 국제결제은행^{BIS}의 보고서를 다시 읽어볼까요? "우리는 현재 무슨 일이 일어나고 있는지 도무지 모르겠다. 현실 앞에서 우리는 그저 무력할 뿐이다 ……"라는 보고서였습니다. 다시 말하면 우리 모두가 어둠 속을 헤매고 있다는 뜻입니다!

워싱턴 D.C. 소재 아메리카 대학 경제학 교수인 로빈 하넬^{Robin Hahnel}은 《패닉 규칙^{Panic Rules}!》(1999)에서 투자에는 두 가지 법칙이 있다고 주장합니다. 하나는 '패닉은 없다'는 것이고, 다른 하나는 '패닉에서 시작하라'는 것입니다.

— 요컨대 선생님이 염려하시는 것은 무엇입니까?

— 우리 경제체제는 무척이나 불안정합니다. 누구도 한 치 앞을 내다볼 수 없습니다. 특히 환경 재앙으로 경제체제가 붕괴할 가능성이 농후합니다. 진정한 시장경제라면 모두에게 재앙이 닥치게 될 것입니다. 진정한 시장경제에서는 모두가 이익을 극대화하는 데 혈안이 되어 다른 것에는 신경조차 쓰지 않을 것이기 때문입니다.

바로 이런 이유 때문에 기업계는 시장을 자율에 맡겨놓은 적이 한 번도 없었던 것입니다. 시장에서는 누구나 소유한 몫만큼의 권리를 행사하려 합니다. 가령 당신에게 25달러가 있다면 그 25달러만큼 시장에서 당신의 위치를 갖습니다. 하지만 현재의 시장에 없는 사람, 즉 미래 세대가 있습니다. 그런데 우리가 내리는 결정의 결과를 짊어져야 할 사람이 바로 그들입니다.

— 선생님께서 특별히 우려하는 결과는 어떤 것입니까?

— 현재의 경제체제가 붕괴된다면 그 이유는 금융 위기 때문이거나 생태환경의 재앙 때문일 가능성이 큽니다. 대중의 각성과 경계 이외에 현 사회의 미래를 보장해주는 것은 없습니다. 하지만 대중의 경계심도 확실한 것은 아닙니다. 대중도 삶에 넌더리를 내면서 자포자기에 빠질 수 있기 때문입니다. 실제로 최근 자료에 따르면 1999년 미국 중산층 가정의 노동시간이 1989년에 비해서 무려 6주나 늘었습니다. 그럼에도 불구하고 1990년대에 재산은 무시해도 될 수준으로밖에 늘지 않았고 빚은 예전과 비교할 수 없는 수준까지 늘어났습니다. 빈곤층의 비율도 1979년의 수치를 넘어섰습니다. 모두가 증권시장에서 일확천금을 꿈꾸지만, 주식 절반을 상위 1퍼센트의 주주가 거의 다 보유하고 있으며, 주주 80퍼센트의 주식 보유량은 4퍼센트에 불과합니다. 경제정책연구소Economic Policy Institute [4]가 격년으로 발간하는 《더 스테이트 오브 워킹 아메리카The State of Working America》에서 분명히 확인되는 수치입니다.

— 선생님은 환경 재앙의 위험을 경고하셨습니다. 최근 들어 원유 유출로

---

[4] 1986년 미국의 유수한 경제학자와 언론·경제계 전문가가 모여 설립한 권위 있는 경제정책 연구기관 – 옮긴이.

대중의 각성과 경계 이외에
현사회의 미래를 보장해주는 것은 없습니다.

인한 해양 오염이 프랑스 해변, 리우데자네이루와 이스탄불의 내포^{內浦}를 유린했습니다. 하지만 선생님은 이런 문제에 대해 거의 거론하지 않았습니다. 특별한 이유라도 있는 것입니까? 미국이 환경 문제에 소극적인 이유를 선생님은 어떻게 설명하시겠습니까?

— 환경에 대한 여론의 우려는 대단하지만 우리는 시장이 지배하는 사회에 살고 있습니다. 다시 말해서 장기적 결과가 무시되어 정책 결정에 실질적인 영향을 거의 미치지 못하는 사회에 살고 있다는 뜻입니다. 환경 재앙으로 치러야 할 비용은 현재의 시장에서 아무런 권리도 행사하지 못하는 미래 세대의 몫입니다. 아무런 잘못도 범하지 않은 사람이 죄를 뒤집어쓰는 셈입니다. 미국인들은 이 문제를 상당히 우려하지만, 환경 재앙의 위험이 존재하지 않는다고 그들을 세뇌시키는 선전에는 꼼짝달싹도 못하고 있습니다. 말하자면 환경 재앙의 가능성은 반체제론자들, 결국 '반미주의자들'이 꾸며낸 거짓말이란 선전에 세뇌당하고 있습니다. 설령 그런 위험이 있더라도 미국에게는 오히려 득이 될 것이란 선전에 어찌 귀가 솔깃하지 않을 수 있겠습니까!

교토의정서⁵에서 정한 약속을 준수하자면 경제에 상당히 부담이 될 것이다!(지난 10년 동안 모든 산업국가 중에서 미국이 가장 빈번하게 약속을 어긴 나라입니다)⁶ 그리고 당신의 일자리를 빼앗아갈지도 모른다! 이렇게

---

5 1997년 일본 교토에서 개최된 기후변화협약 회의에서 채택된 의정서. 2008년부터 2012년까지 총 38개국의 이산화탄소 등 온실가스 배출량을 1990년 수준의 5.2퍼센트까지 감축하도록 의무화했다 – 옮긴이.

6 2001년 3월, 미국의 부시 대통령은 자신의 선거 공약을 무시한 채, 이산화탄소 배출을 규제하는 법안을 고려하지 않겠다고 선언했다. 또한 "(교토 의정서는) 세계 80퍼센트의 국가가 배제되어 있는 한 기대한 효과를 거둘 수 없을 뿐 아니라 부당한 요구이며 미국 경제에 심각한 타격을 줄 수 있다"는 이유로 이에 반대하는 입장을 분명히 했다.

미국인을 위협합니다. 이런 국제 협약은 미국에게 엄청난 부담을 주기 때문에 부당하다는 것입니다. 따라서 환경 재앙에 대한 불안감은 있지만 누구도 목소리를 높일 수가 없습니다. 이런 상황을 극복하려면 교육이 우선되어야 합니다. 민간 단체의 노력이 있어야 합니다. 요컨대 힘이 있어야 한다는 말입니다. 그 힘은 분명히 존재합니다. 하지만 문제를 희석시키려는 사람들이 과시하는 권력이나 재력과는 다른 힘입니다. 개인의 이익을 도모하는 힘이 아니기 때문입니다. 법으로 보장된 굳건한 힘이기 때문입니다. 이런 힘만이 반＃ 시장경제에서 우리가 살아남고 번영할 수 있는 유일한 해결책입니다.

— 지난 몇 달 동안 경제력의 집중이 더욱 가속화된 듯합니다. 미국에서는 반트러스트법[7]이 효과가 있습니까?

— 유럽보다는 형편이 나은 편입니다. 마이크로소프트를 예로 들어볼까요? 요즘 들어 이 회사가 집중 공격을 받는 이유가 무엇이겠습니까? 기업계 전체가 경제력의 집중, 즉 독점에 반발하고 있기 때문입니다.

— 역사적으로 볼 때, 반트러스트법이 정당의 정책에서 탄생한 것이라 말할 수 있을까요?

---

7 트러스트는 여러 기업체가 시장을 조절하기 위해 경영권을 수탁자위원회에 위탁하는 형식으로 연대하는 기업합동을 뜻한다. 관련 기업들이 사실상의 독점권을 쥐는 이런 연대가 19세기 말 미국에서 극성을 부렸다. 미국은 이런 상황의 재발을 막기 위해 셔먼 반트러스트법(1890년)과 클레이턴법(1914년)을 제정했다.

— 완전히 부인할 수는 없습니다. 하지만 대개의 경우는 민간 기업의 발의로 제정되었습니다. 기업계의 입장에서도 엉망진창이 된 시장에 일정한 규제를 도입하지 않을 수 없었던 것입니다. 그러나 클린턴 행정부는 굵직한 기업합병을 묵인하면서 과거의 모든 기록을 깨뜨렸습니다. 경제력의 집중이 그때처럼 심화된 때가 없었습니다.

장사꾼들에게는 조국이 없다. 그들은 이익을 얻는 것 외에는 조금도 마음을 쓰지 않는다.
— 토머스 제퍼슨(미국의 제3대 대통령)

보이지 않는 세력이
경제를 지배한다

|

외국에 투자되는 자본은 대부분 경영 지배권을
확보하기 위한 돈입니다. 공공기업의 민영화는 공공기업을
민간 기업이나 외국계 다국적기업에 넘기려는 속임수일 뿐입니다.
이런 민영화는 대체로 부패한 정부에서 주로 시행됩니다.
이런 점에서 멕시코나 러시아는 다를 바가 없습니다.

|

— 양지陽地의 경제 뒤에는 언제나 마피아의 돈, 그리고 마약과 뇌물에 얼룩진 돈이 있습니다. 이 보이지 않는 경제의 규모가 양지의 경제 규모보다 크다는 주장도 있습니다만…….

— 사실입니다. 하지만 부분적으로만 사실입니다. 영국의 경제학자 수전 스트레인지는 최근에 발표한 책[1]에서, 마약에 관련된 탈법과 돈은 다른 형태의 탈법, 즉 다국적기업이 세금을 벗어나려 동원하는 기법에 비하면 유치한 수준이라고 말했습니다. 예컨대 어떤 기업이 영국령 버진아일랜드에 본사를 두는 것은 탈법이라 여겨지지 않습니다. 다국적기업은 수익금을 본국에 송금할 수 있는 나라에 본사를 둘 수 있습니다. 이른바 회계의 최적화라는 명목으로 말입니다. 세금이 적은 나라를 찾아다니며 비용을 최소화하려는 행정적 조치입니다. 합법적 탈세인 셈입니다.

— 그래도 불법적으로 탈세하는 것보다는 낫지 않을까요? 그런대로 상당한 세금을 부담하고 있으니까요…….

---

1   수전 스트레인지Susan Strange, 《광기의 돈: 시장이 정부보다 커질 때*Mad Money : When Markets Outgrow Governments*》, University of Michigan Press, 1998.

— 합법적 탈세는 연구해볼 만한 과제입니다. 하지만 권력의 핵심까지 건드려야 하기 때문에 이 문제에 본격적으로 달려든 학자는 거의 없습니다. 추정에 따르면 마약 관련 자금의 약 50퍼센트가 미국계 은행들을 통해 거래됩니다. 달리 말하면, 미국계 은행들이 검은돈의 절반을 세탁해준다는 뜻입니다. 돈세탁을 방지할 방법은 얼마든지 있습니다. 실제로도 1980년대 초에 돈세탁을 금지하려는 시도가 있었습니다.

미국에서는 한 은행이 거액의 돈을 예치할 경우 연방 당국에 보고해야 할 의무가 있습니다. 따라서 그런 돈은 문서로 증거가 남습니다. 1980년경, 마이애미 연방 검사들은 마이애미 은행들에 돈이 물밀듯이 유입되었다는 첩보를 입수했습니다. 연방 검사들은 즉시 '그린백'[2] 작전에 돌입했습니다. 불법으로 돈을 세탁하는 은행들의 범죄 행각을 조사하려던 것이었습니다. 그러나 레이건 행정부의 마약과의 전쟁에서 '마약의 황제'로 등극한 조지 부시는 이 작전을 서둘러 종결시켰습니다.[3]

— 미국 언론들은 이 사건을 보도하지 않았습니까?

— 제퍼슨 몰리라는 기자가 이 사건을 보도하기는 했습니다. 하지만 어떤 정치인이 은행과 맞서려 하겠습니까? 정치인들은 한결같이 입을 다물어버렸습니다.

---

2 그린백greenback은 미국 정부가 발행한 법정 지폐, 즉 달러를 가리킨다 – 옮긴이.

3 1980년 대통령 선거에서 공화당 후보로 지명받는 데 실패한 조지 부시는 예비선거에서 경쟁한 로널드 레이건의 러닝메이트(부통령 후보)가 되었다. 그 후 부시는 부통령으로서 연방 규제 철폐, 마약과의 전쟁 등과 같은 정책을 수행했다. 그러나 1988년 대통령으로 당선된 부시는 레이건이 법제화한 '마약과의 전쟁'이란 대원칙을 크게 훼손시켰다.

— 선생님은 요즘의 마피아라는 존재를 어떻게 정의하시겠습니까?

— 마피아는 이제 미국에 거의 남아 있지 않습니다. 오히려 대부분의 범죄자가 기업인입니다. 마피아의 옛 보스들은 법의 심판을 받아 하나씩 암흑가에서 물러나는 중입니다. 또한 사회가 법을 엄격하게 적용하고 합리적으로 변해가면서 마피아가 기업가로 변신하고 있습니다.

— 다국적기업을 흉내 낸다고 표현하는 것이 더 옳지 않을까요? 마피아 조직에는 국경이란 개념이 없으니까요. 경찰은 국경을 넘지 못하지만 마피아는⋯⋯.

— 강대국들도 국경을 무시합니다. 예컨대 미국이 수단의 제약업을 절반쯤 없애버리겠다고 마음먹는다면 언제라도 가능합니다. 안데스 산맥에서 어떤 일이 벌어지고 있는지 보십시오! 미국은 안데스 산맥 부근의 국가들에게 압력을 가해 코카^{coca} 재배를 포기하도록 만들었습니다. 물론 미국의 이런 압력이 지역 주민, 즉 농민에게 막대한 손해가 된다는 사실을 잘 알고 있기 때문에 그 나라들은 미국의 압력을 못마땅하게 생각했지만 어쩔 도리가 없었습니다. 미국의 압력에 굴복한 콜롬비아 당국은 비행기로 코카나무 밭에 제초제를 뿌렸습니다. 그 와중에 주변 식물들까지 커다란 피해를 입었습니다. 하지만 대부분의 전문가들이 예측하듯이, 이런 조치에도 불구하고 코카의 재배는 계속될 것입니다. 게다가 마약 문제는 '수요'가 근본적인 원인이 되는 것이지 '공급'이 근본적인 원인이 되지는 않습니다. 이 정도의 추리는 상식입니다. 따라서 문제의 근원은 미국에 있는 것이지 콜롬비아에

있는 것이 아닙니다.

외국에 있는 코카나무 밭을 범죄시해서 코카 재배를 금지시키고 쑥대밭으로 만드는 것보다 예방 조치가 훨씬 효과적이라는 사실은 누구나 알고 있습니다. 하지만 이런 예방 조치에 대한 재정을 지원받기란 무척 어렵습니다. 재정 지원은 그렇다 치더라도, 마음에 들지 않는 식물을 재배한다는 이유로 다른 나라에 군사적이고 생물학적인 공격을 가할 권리가 있는 것입니까? 대체 무슨 권리로 그런 공격을 감행한단 말입니까? 그 땅의 농부들이 신자유주의 정책 때문에 코카를 재배할 수밖에 없는 처지로 전락했다는 사실을 모른다는 말입니까? 미국에서 만든 담배 때문에 아시아에서 매년 수천 명이 죽어가고 있습니다. 그렇다고 중국이 노스캐롤라이나의 담배 농장을 폭격할 권리가 있습니까?

— 어쨌든 미국의 정치 부패는 최근 몇 년간 급격히 심화되었습니다. 그런데도 미국이 앞으로 지탱해갈 수 있을까요?

— 부패의 의미를 어떻게 이해하느냐에 따라 대답이 달라질 수 있습니다. 예컨대 1998년 선거에서 당선자의 95퍼센트가 상대보다 더 많은 선거 자금을 썼습니다. 이 선거 자금은 거의 모두 기업계에서 나온 것입니다. 달리 말하면 민간 기업이 의원의 95퍼센트를 샀다고 말해도 과언이 아닙니다. 하지만 이런 현상을 부패라고 생각하는 사람은 없습니다.

《뉴욕타임스》에 언젠가 아주 흥미로운 기사가 게재되었습니다. 의회가 예산심의를 끝내고 곧바로 '돼지 농장의 보조금'에 대한 논의를 시작했다는 기사였습니다. 이처럼 다양한 조치들이 거의 만장일치로 통과됩니다.

미국은 안데스 산맥 부근의 국가들에게 압력을 가해
코카 재배를 포기하도록 만들었습니다. 미국의 이런 압력은
지역주민, 즉 농민에게 막대한 손해를 입혔습니다.
하지만 이런 조치에도 불구하고 코카 재배는 계속될 것입니다.
마약 문제는 '수요가 근본적인 원인이 되는 것이지
공급이 근본적인 원인이 되지는 않습니다.
이 정도의 추리는 상식입니다.
따라서 문제의 근원은 미국에 있는 것이지
콜롬비아에 있는 것이 아닙니다.

동료 의원에 대한 의리로 말입니다. 물론 영향력이 큰 의원일수록 더 큰 몫을 챙깁니다. 1999년에 상당수의 의원들이 실력 이상의 힘을 발휘해서 부자 친구들과 유권자들에게 상당한 보답을 해주었습니다. 그 돈이 무슨 돈이었겠습니까? 바로 국민에게 돌아갈 돈이었습니다! 사회보장 프로그램을 축소시키면서, 가난에 신음하는 어머니들에게 식량 배급표를 나눠주며 사회보장 지원금에 의존하지 말고 자력으로 사는 법을 배우라고 주장하는 사람들만큼 못된 사람이 있을까요? 희대의 사기꾼 뉴트 깅리치[4]는 공공자금을 최대한 빼돌려 조지아의 부자들에게 나눠주었습니다. 언론이 이런 작태를 몰랐을 리가 있습니까?

— 자유경제의 아킬레스건이 이처럼 겉으로만 화려한 회계장부와 통화의 급속한 유통에 있다고 생각지는 않으십니까?

— 텔레커뮤니케이션이 발달하지 않았더라면 요즘과 같은 금융시장은 존재할 수 없었을 것입니다. 하지만 과거에도 기술혁명이 수없이 있었습니다. 같은 기술이라도 완전히 다른 목적에 사용될 수 있다는 사실을 누구나 알고 있습니다. 기술 자체는 중립적인 것입니다. 이탈리아의 리라를 예로 들어볼까요? 꼭 리라가 아니어도 좋습니다. 어떤 화폐라도 사회 구성원의 동의가 있어야 가치를 갖습니다. 그 자체로는 어떤 가치도 없습니다. 그저 금속조각이거나 종이 조각일 뿐입니다. 화폐는 집단 결정의 산물입니다. 전자화폐도 마찬가지입니다. 종이돈이든 수표나 어음이든, 심지어 전자화

4　Newt Gingrich(1943~). 북부 출생이나 남부 조지아 주에서 성장한 보수 강경파 정치인으로, 공화당의 리더였으며 하원 의장을 역임했다. 연이은 금전 스캔들로 1999년 정치권에서 은퇴했다―옮긴이.

폐도 근본적으로는 동일한 것입니다.

새로운 테크놀로지는 투기의 편의성을 위해서만 개발된 것이 아닙니다. 따라서 인간을 위해, 인간에게 좀 더 안락한 삶을 보장해주기 위해, 세계 방방곡곡에서 일어나는 사건들을 실시간으로 전하기 위해 사용될 수도 있지 않겠습니까?

— 회계 분산이 더 큰 문제인 듯합니다. 요즘 들어 회계 분산을 위한 거점들이 확산되고 있는 듯합니다…….

— 그런데 그런 거점들이 지리적으로 집중되어 있습니다. 1999년 11월 의회가 중국과의 통상을 승인한 것이 대표적인 예입니다. 만약 모든 것이 미국의 의도대로 진행된다면 미국은 중국의 금융시장까지 지배하게 될 것입니다. 중국의 은행들과 투자금융 회사들이 모두 미국계 금융기관들에 종속될 것입니다. 물론 이것이 미국의 목표이자 목적입니다. 미국이 한국에게 시장을 개방하라고 압력을 가했을 때 어떤 일이 벌어졌습니까? 한국의 금융시장은 완전히 미국의 지배하에 놓이고 말았습니다. 은행들이 연이어 파산한 것은 당연한 결과였습니다. 미국계 금융기관들은 한국의 은행들을 떡 주무르듯 마음대로 주무르고 있습니다.

— 자본의 유입이라는 문제로 다시 돌아가보겠습니다. 선생님 생각에는 돈이 어떻게 유통되고 있습니까?

— 매일 약 20억 달러가 전자거래를 통해 이동하고 있습니다. 그런데 이 엄

청난 돈은 새로운 자산을 만들어내지 못한 채 그저 주인이 바뀔 뿐입니다.

이런 자본은 압도적인 수가 투기성을 띱니다. 독일의 자동차 회사인 폭스바겐이 브라질에 공장을 지은 것처럼, 외국이나 새로운 가치를 창출하는 데 투자되는 자본은 소규모에 불과합니다. 외국에 투자되는 자본은 대부분 경영 지배권을 확보하기 위한 돈입니다. 공공기업의 민영화는 공공기업을 민간 기업이나 외국계 다국적기업에 넘기려는 속임수일 뿐입니다. 이런 민영화는 대체로 부패한 정부에서 주로 시행됩니다. 이런 점에서 멕시코나 러시아는 다를 바가 없습니다.

— 자본이 그처럼 다양하게 이동된다는 사실은 거의 알려져 있지 않습니다. 대부분의 나라가 정확한 수치를 공개하지 않기 때문에 …….

— 하지만 미국 상무부가 매년 '외국에의 직접 투자'에 대한 상세한 자료를 발표합니다. 나는 지난 2, 3년, 정확히 말하면 '신흥시장이 태동'[5]한 1990년대 중반의 자료에서 그 수치를 면밀히 검토해보았습니다. 새로운 시장이라는 미사여구가 언론을 장식하던 시기에 캐나다를 제외한 서반구의 산업국가들이 외국에 직접 투자한 액수의 약 25퍼센트가 버뮤다 제도, 약 10퍼센트가 영국령 버진아일랜드, 약 10퍼센트가 파나마에 투자되었습니다. 투자라는 명목으로 국경을 넘어 이동한 액수의 거의 절반이 회계상의 이동이었던 셈입니다. 물론 일부는 마약 거래에 따른 불법 자금이었을 것입니다.

회계상의 이동은 부자 나라들이 원해서 이루어지는 것입니다. 그런데 그

---

5 경제가 급속히 성장하고 꾸준한 성장 잠재력을 지녔지만 아직 산업 선진국 대열에 합류하지 못한 나라(아르헨티나, 브라질, 한국, 싱가포르 등)를 '신흥시장'이라 일컫는다.

회계상의 이동이 존재하는 이유는
부자 나라들이 원하기 때문입니다.
그런데 그 이유는 무엇일까요? 대기업이 법적인 테두리 내에서
국민의 몫을 훔칠 수 있도록 배려해주는 것입니다.
국가의 역할이 바로 그것입니다.
부자를 더 부자로 만들어주는 것이 바로 국가의 역할입니다.

이유는 무엇일까요? 대기업이 법적인 테두리 내에서 국민의 몫을 훔칠 수 있도록 배려해주는 것입니다. 국가의 역할이 바로 그것입니다. 부자를 더 부자로 만들어주는 것이 바로 국가의 역할입니다.

거대 기업들은 '해외'에 본사를 두고 세금을 내지 않으면서도 국민의 몫을 훔칠 수 있는데 힘없는 국민이 그렇게 하는 것은 왜 막습니까?

— 이런 현상을 타개할 수 있는 방법이 없겠습니까?

— 미국 정부에게 버진아일랜드와 버뮤다 제도에서 하는 조잡한 장난을 그만 끝내라고 소리치기만 하면 됩니다. 말장난이 아닙니다. 미국 정부가 끝내려고 마음만 먹으면 단숨에 끝낼 수 있습니다!

다른 예로 인도네시아에서 일어난 일을 생각해볼까요? 미국과 영국은 인도네시아를 철저하게 지원했습니다. 동티모르에서 최악의 학살극이 벌어진 1999년 내내[6], 미국과 영국은 인도네시아에 어떤 제재 조치도 가하지 않았습니다. 코소보의 학살이 무색할 정도였는데 말입니다.

거의 전 주민이 고향에서 쫓겨나고 동티모르가 거의 폐허 지경에 이르렀던 1999년 9월, 클린턴은 미국과 오스트레일리아 등 사방에서 쏟아지는 압력을 견디다 못해 어떤 조치를 취하지 않을 수 없었습니다. 결국 클린턴은 자카르타의 군부를 비난하기 시작했고, 그로부터 48시간 후에 자카르타 정부는 학살을 중단하고 다국적군의 입국을 허락했습니다.

---

6 1642년부터 포르투갈의 식민지였던 동티모르는 1975년 11월 독립국이 되었지만, 1976년 7월 다시 인도네시아의 침략을 받아 병합되었다. 그러나 인도네시아의 가혹한 통치도 동티모르의 강력한 독립 의지를 꺾지 못했다. 1999년 8월 30일 마침내 동티모르는 국제연합United Nations(이하 UN)의 보호 아래 독립 여부를 묻는 국민투표를 실시했는데, 국민 78.5퍼센트가 독립에 찬성했다. UN은 동티모르 국민을 보호하기 위해 임시정부를 설치했고, 동티모르는 2002년 인도네시아로부터 완전히 독립했다.

— 그럼 법을 만들면 문제가 해결되겠습니까?

— 법이 필요한 것은 아닙니다. 물론 나는 법을 믿습니다. 그리고 법은 좋은 것입니다. 하지만 법이라는 것은 모두가 존중할 때에야 가치가 있는 것입니다. 그런데 대부분 국제법은 존중하지 않는 경향이 있습니다. NATO 군이 코소보를 폭격했을 때 UN 헌장을 조금이라도 염두에 두었을까요? 천만의 말씀입니다.

— 선생님은 부패와의 전쟁에서 보여준 법관들의 힘을 너무 과소평가하시는 것이 아닙니까?

— 외부의 지원이 없다면 법관들은 어떤 힘도 갖지 못합니다. 정부는 아주 단순한 이유로 법관들에게 압력을 가합니다. 대기업이나 국가가 법의 심판을 원치 않는다는 것입니다.

큰길가에서 일어나는 범죄보다 오히려 기업이 더 많은 희생자를 만들어 내지만 기업이 기소당하는 경우는 거의 없습니다. 1988년에 아주 예외적인 소송사건이 있기는 했습니다. 미국을 대표하는 제약회사 중 두 회사, 즉 릴리Lilly와 스미스클라인Smithkline이 주의사항을 제대로 기재하지 않은 채 약품을 유통시켜 80명의 목숨을 앗아갔다는 이유로 기소당했습니다. 이때 두 회사는 80명을 죽인 대가로 겨우 8만 달러의 벌금을 물었을 뿐입니다. 하지만 누군가가 길거리에서 80명을 죽였다면 곧바로 사형실로 직행했을 것입니다.

— 부패가 만연해 있다고 알려진 이탈리아에서는 '마니 풀리테Mani Pulite' 운

미국을 대표하는 제약기업 중 두 회사,
즉 릴리와 스미스클라인이 주의사항을 제대로 기재하지 않은 채
약품을 유통시켜 80명의 목숨을 앗아갔다는 이유로
기소당했습니다. 이때 두 회사는 80명을 죽인 대가로
겨우 8만 달러의 벌금을 물었을 뿐입니다.
하지만 누군가가 길거리에서 80명을 죽였다면 곧바로 사형실로
직행했을 것입니다.

동이 상황을 완전히 바꿔놓았습니다. 이런 예에 비추어 사법부가 독립적이라면 판사들이 부패 속도를 늦출 수 있으리라 생각됩니다.

— 하지만 어려운 점이 없지 않습니다. 판사들이 자율적으로 권한을 행사하려 하면 국가가 즉시 딴지를 걸고 나섭니다. 이 때문에 판사들의 권한만으로는 어떤 일도 시도할 수 없습니다.

유럽의 판사들과 거의 동등한 역할을 맡고 있는 미국의 검사들이 플로리다 은행들에 유입된 마약 자금을 조사하기 시작했을 때, 당시 부통령으로서 마약과의 전쟁을 책임지던 조지 부시는 곧바로 검사들의 조사를 중단시켰습니다. 국민은 이 사건에 대해 아무것도 몰랐기 때문에 어떤 압력도 행사할 수 없었습니다.

— 하지만 유럽 사람들의 눈에는 미국의 법 체제가 아주 능률적으로 보이는데요…….

— 기업이 저지른 범죄가 처벌을 받기 때문에요? 잘못 본 것입니다. 기업의 범죄에 따른 희생자가 일반 범죄의 희생자보다 훨씬 많습니다. 법학자와 범죄학자가 이구동성으로 말한 사실입니다. 영국도 다르지 않습니다. 영국 법학자인 게리 슬래퍼가 영국 기업의 범죄와 불법 행위를 다룬 책《은행의 피 *Blood in the Bank*》에 내가 서문을 써준 적도 있습니다.

법이 존재하고 사법권이 운영되지만, 권력자에게는 커다란 효력을 발휘하지 못합니다. 국민이 거세게 압박하여 사법권에 힘을 보태주지 않는다면 말입니다.

아주 충격적인 예를 들어볼까요? 1950년대에 있었던 일입니다. 당시 미국 정부는 역사상 유래가 없는 대대적인 사회간접자본 확충 프로그램을 시행했습니다. 도로를 건설하고 항로를 신설한 이 프로그램 때문에 전차망이 와해되고 말았습니다. 당시까지 미국의 철로 체계는 무척이나 효율적이었습니다. 예컨대 1940년대에 로스앤젤레스에는 무척이나 능률적이고 공해도 없는 전차망이 갖추어져 있었습니다. 그런데 이 전차망의 주인이 3개 회사, 정확히 말해서 제너럴모터스 사, 파이어스톤 사, 스탠더드오일로 바뀌었습니다. 그 결과는 불을 보듯 뻔했습니다. 예상대로 그들은 전차 궤도를 뜯어냈습니다. 도로 이용을 극대화시킨다는 핑계로 말입니다. 결국 로스앤젤레스가 버스와 승용차의 천국으로 바뀌면서 그들은 엄청난 돈을 벌어들였습니다. 물론 이 세 회사는 불법적인 담합으로 고발당했지만, 판결의 결과는 우스꽝스럽기 짝이 없었습니다. 겨우 5,000달러 상당의 벌금형을 받았을 뿐입니다.

또한 국방부를 앞세워, 좀 더 구체적으로 말하면 국가 안보를 내세워 미국 정부는 고속도로 건설에 열을 올렸습니다. 오늘날 미국이 자랑하는 모든 고속도로가 이렇게 건설된 것입니다. 이것만이 아닙니다. 미국 정부는 항로를 개설하면서 철로를 완전히 무용지물로 만들었습니다. 이 모든 운송 체제가 공공 서비스를 우선에 두는 정책이 아니라 기업 논리에 근거해 세워진 것입니다.

― 그 결과는 어땠습니까?

― 그야말로 엄청났습니다. 무엇보다 도심이 사라지면서 주민들이 교외

지역으로 이동했습니다. 도심이 사라졌기 때문에 주민들은 거대한 상권이 형성된 교외에서 살 수밖에 없었습니다.

이 거대한 사회간접자본 확충 프로그램은 자동차 회사들을 부자로 만들어주었습니다. 물론 타이어 회사와 정유 회사도 부자가 되었습니다. 하지만 우리 사회에 미친 충격은 말로 표현하기 힘들 지경입니다. 소비 행태가 바뀌었고, 대인 관계도 바뀔 수밖에 없었습니다. 모두가 뿔뿔이 흩어지면서 공동체가 파괴되었습니다. 이처럼 엄청난 일을 저지른 대가로 기소당하거나 유죄 선고를 받은 사람이 있었습니까? 아무도 없었습니다. 법은 엄연히 존재합니다. 하지만 이런 것까지 기억하며 사는 사람은 거의 없는 실정입니다.[7]

— 1990년대 초 스위스 제네바 주의 검사 선거에서 법조계의 지원을 받은 베르나르 베르토사[8]가 당선된 것이나, 외환 거래를 하는 기업들에게 '역외' 기업을 적시할 의무를 부가한 법이 통과된 것은 어떤 변화를 예고한 것이 아니겠습니까?

— 여론의 압력이 더해질 때는 어떤 일이라도 가능합니다. 결국 법체계에 문제가 있는 것은 아닙니다. 어떤 나라나 필요한 법은 이미 거의 다 마련되어 있습니다.

스위스는 예외적인 경우입니다. 하지만 이 나라에서는 표현의 자유조차

---

7 Richard Du Boff, *Accumulation and Power*, 1989, Chapter 2, "World Orders Old and New" 참조.

8 Bernard Bertosa. 현재 스위스 제네바 주 검찰총장으로 국제적인 조직범죄 및 부정 축재에 대한 돈세탁 수사로 명성을 날리고 있다.

요컨대 요즘 사람들은
거대한 상권이 형성된
교외에서 살 수밖에 없습니다.

보장받지 못합니다. 내가 스위스를 마지막으로 방문한 때였습니다. 거대한 비정부기구인 '평화와 자유를 위한 국제여성연맹'의 초청을 받아 제네바 대학에서 강연을 할 예정이었습니다. 그런데 제네바로 떠나기 2주일 전에 나는 여성연맹 총재의 이름으로 된 전보 한 통을 받았습니다. 스위스 경찰이 내 강연 내용을 미리 확인하고 싶어 하니, 강연을 하기 전에 그 내용을 정확히 문서로 제출해야 한다는 것이었습니다. 당연히 나는 그 요청을 거절했습니다. 여성연맹 총재도 내 뜻을 이해하고 그 부당한 요구를 거절했습니다. 결국 우리는 제네바 대학과 길 하나를 사이에 두고 있는 국제 구역인 유럽핵개발센터에서 강연을 가질 수밖에 없었습니다.

문명화된 국가에서, 경찰에 강연 내용을 미리 문서로 제출하지 않고는 대학 강당에서 강연조차 할 수 없다는 사실을 상상이나 할 수 있습니까? 하지만 스위스에서는 이런 일이 버젓이 벌어지고 있습니다.

물론 스위스에는 실질적인 정부가 없다고 말할 수도 있습니다. 엄격히 말하면 스위스는 은행이 지배하는 나라입니다. 정부는 교육과 도로, 즉 국지적 민주주의에 관련된 것들을 다룰 뿐입니다. 스위스에는 사료史料라고 불릴 만한 국가 문서가 없기 때문에 외교사학자의 관심을 끌 만한 자료도 없습니다. 하지만 이런 나라에서도 여론이 잠에서 깨어나 압력을 가하면 모든 것이 변할 수 있습니다.

― 선생님은 기층 조직의 힘을 중요시하는 것 같습니다…….

― 그렇습니다. 기층 조직의 압력이 있을 때에야 정부가 기업을 조사하니까요.

무엇보다 국민이 깨어나야 합니다.
내가 미디어, 학교, 지배 계급의 문화에 반대하며
민중교육의 중요성을 강조하는 것도 바로 이런 이유입니다.
여론의 압력이 더해질 때는
어떤 일이라도 가능할 수 있기 때문입니다.

1960년대에는 기층 조직들이 똘똘 뭉쳐 결코 무시할 수 없는 성과를 거둔 적도 있었습니다. 예컨대 의회가 다국적기업에 관련된 문서를 공개하도록 법안을 만든 것도 기층 조직, 즉 여론의 압력 때문이었습니다. 그 후 중요한 청문회가 줄을 이었습니다. 상원들이 다국적기업들에 대해 수많은 사실들을 밝혀내서 작성한 보고서가 그야말로 산더미 같았습니다.

행정 당국이 대기업의 행각을 알아낼 방법은 적지 않습니다. 실제로 여론의 압력에 굴복한 행정 당국은 짧은 기간 동안 대기업의 행각을 엄청나게 알아냈습니다. 법이 그들에게 허용한 힘만 이용해서 말입니다.

1960년대에는 일부 투사들, 정확히 말하면 공민권의 수호자들과 평화주의자들이 의회 행정처의 요직을 차지해서, 인권에 관련된 조건들을 준수할 의무를 행정부에 부가하는 법안들을 통과시키는 데 커다란 역할을 해냈습니다. 지미 카터는 이 법안들을 거부하려 안간힘을 다했지만 의회의 압력, 궁극적으로 이런 투사들이 주도권을 쥐고 조직적으로 가한 압력에 굴복하지 않을 수 없었습니다.

여론이 크게 의식화된 덕분에 로널드 레이건은 예컨대 존 F. 케네디처럼 자유롭게 행동할 수 없었습니다.[9] 케네디는 베트남전쟁에 미군을 아주 조용히 파견할 수 있었지만, 레이건이 니카라과에 미군을 파견할 때는 적잖은 잡음이 있었습니다. 따라서 레이건은 우회적인 방법을 사용할 수밖에 없었습니다. 이런 전투적 시민운동은 유럽에서도 얼마든지 전개될 수 있으리라 생각합니다.

---

9 민주당 출신인 케네디 John F. Kennedy (1917~1963) 대통령이 1961년 베트남 참전을 결정했을 때 공화당도 이를 지지했다.

부富는 온갖 범죄를 감싸주는 외투다.

― 메난드로스(고대 그리스의 극작가)

이제는 거대 기업이 권력의 중심이다

|

'제3의 길'을 주장하는 지배계급은
체제 순응적인 지식인들을 동원해서 이 이념을 멋지게 색칠하고 있습니다.
역사는 언제나 이런 식이었습니다.
대중이 저항하고 싸워서 승리를 거둘 때 때때로 진정한 변화가
이루어질 수 있습니다.

|

— 조금 전에 선생님은 대기업이 독재 체제로 운영된다고 말씀하셨습니다. 이 부분을 좀 더 자세히 설명해주시겠습니까? 대기업은 자연스레 독재 체제로 변할 수밖에 없다는 뜻입니까, 아니면 대기업은 본질적으로 독재 체제일 수밖에 없다는 뜻입니까?

— 옛날이야기로 시작해볼까요? 150년 전의 자본주의는 근본적으로 가족 중심이었습니다. 영국에서는 이런 형태의 자본주의가 상당히 오랫동안 지속되었습니다. 그런데 미국으로 건너간 자본주의가 19세기에 천천히 변모했습니다. 그리고 19세기 말 경제가 붕괴되면서 자본주의도 후퇴할 수밖에 없었습니다. 그때 기업계는 시장을 규제해야 한다는 교훈을 얻었습니다. 칼 폴라니[1]는 이런 변화과정을 추적한 《대전환*The Great Transformation*》이란 유명한 책을 발표했습니다. 기업들은 트러스트를 결성하고 합병을 통해서 시장에 대한 지배권을 확보하려 했습니다. 그러나 이 시기에 기업의 법적 권리는 어떤 것도 인정되지 않았습니다.

　미국에서는 지방자치단체가 기업 행위를 중심으로 형성되기도 했습니

1　Karl Polanyi(1886~1966), 미국 경제학자. 오스트리아 빈에서 태어나 헝가리 부다페스트에서 자랐다. 1940년 미국으로 건너간 그는 전 세계를 자유주의적 시장질서로 몰고 가려는 미국의 시도에 반대하고, 지역주의에 바탕을 둔 다원적인 세계 질서를 구축해야 한다고 강력하게 주장했다 - 옮긴이.

다. 예컨대 다리를 건설하려 할 때 여러 사람이 연대해서 공권력의 허락을 얻어 제한된 책임을 지는 기업을 세웠습니다. 19세기 동안 이런 기업들은 법정의 판결을 통해 조금씩 권한을 확대해 나갔습니다.

현대적 의미에서의 기업, 즉 기업이 법적 지위를 얻은 것은 20세기 초였습니다. 사법부의 판결 덕분이었습니다. 미국 연방 대법원이 기업에 인간과 똑같은 권리를 보장해준 것도 바로 이 시기였습니다. 이런 판결은 독일 철학, 즉 유기적 조직체에 대한 신헤겔 철학의 해석에 크게 영향을 받은 것이었습니다. 다양한 형태로 발전한 독재 체제들도 바로 이 철학에 근거를 두고 있습니다.

1889년 뉴저지 주는 족쇄처럼 작용하던 의무 규정에서 기업을 해방시켜주었습니다. 그때부터 기업은 원하면 무엇이나 할 수 있었습니다. 모든 기업이 앞다퉈 뉴저지로 몰려든 것은 당연한 결과였습니다.

뉴저지와 강 하나를 사이에 둔 뉴욕이 두려워하지 않을 수 있었겠습니까? 결국 뉴욕 주도 기업 운영을 규제하는 법들을 완화시킬 수밖에 없었습니다.

— 탈규제화 논리가 미국 전체에 강요된 셈이군요?

— 요즘 들어 사회규범과 환경보호와 관련해 벌어지는 사건들도 다를 바가 없습니다. 한 나라가 어떤 법을 폐지하면 다른 나라가 금세 뒤따릅니다. 자본이 이동하면 바로 다음 날 모든 것이 붕괴될 수도 있습니다. 지난 30년 동안 우리는 이런 현상을 충분히 목격하고 경험하지 않았습니까? 하여간 20세기 초에 기업은 인간과 똑같은 권리를 부여받았습니다. 그 후로도 기업은 눈에 띄지 않게 조금씩 그 권리를 확대해갔습니다.

1990년대에는 새로운 무역 협약이 맺어지면서 기업의 권리가 더욱 확대되어 기업은 무소불위의 권한을 갖게 되었습니다. 이제는 기업이 법원에 한 나라를 고소할 수도 있게 되었습니다. 예를 들어 몬산토 사의 경우 유전자 조작 식품의 활용을 제한하는 유럽 국가들이 자사의 이익을 빼앗는다는 이유로 고소할 수 있습니다……. 새로운 무역협정이 필요한 주된 이유 중 하나가 이런 독재적 조직체, 즉 이미 불로불사^{不老不死}의 지경에 올라간 기업의 권리를 더 확대하기 위한 것입니다. 이제 기업은 인간의 권리를 넘어 국가의 권리까지 누리고 있는 실정입니다.

— 구체적인 예를 들어주시겠습니까?

— 에틸 사^{Ethyl Corporation}를 예로 들어보겠습니다. 뉴저지의 스탠더드오일과 제너럴모터스 사, 듀폰이 휘발유 첨가제인 테트라에틸렌^{Tetraethylene}을 상품으로 개발하려고 1921년에 창립한 회사입니다. 모기업들은 처음부터 이 제품이 인체에 해롭다는 사실을 잘 알고 있었습니다. 결국 일부 생산직 노동자들이 산업재해로 목숨까지 잃었습니다. 하지만 무려 50년 동안 이 기업은 법망을 요리조리 빠져나가면서 납 성분을 함유한 휘발유를 판매했고 그 결과로 수천 명이 애꿎은 목숨을 잃어야 했습니다. 1972년에야 정부는 테트라에틸렌의 판매를 금지시켰습니다. 환경보호를 중시하고 법이 엄격해지면서 내려진 최초의 조치였습니다. 그 후 어린아이들의 몸에 축적된 납 함유율이 급속히 떨어졌습니다. 당시 에틸 사는 유럽에도 납이 함유된 휘발유를 팔고 있었습니다. 유럽까지 유연휘발유의 판매를 금지시키자 에틸 사는 유연휘발유의 판매처를 제3세계로 돌렸습니다.

그사이 에틸사는 새로운 첨가제들을 개발했습니다. 그중 하나가 발암물질이 들어 있다고 의심받았습니다. 캘리포니아 주는 곧바로 그 제품의 판매를 금지시켰고 연방 차원에서도 규제를 가하기 시작했습니다. 작년에 캐나다가 이 문제로 법안을 제출하려 하자, 에틸 사는 탈법적 규제를 이유로 제소했습니다. 캐나다가 이 제품의 판매를 제한함으로써 그들의 이익에 치명적 타격을 입혔다는 이유로 말입니다. 이 사건은 법정까지 가지도 않았습니다. WTO는 워낙에 상업화된 조직이기 때문에, 전문가 위원회가 이 사건을 비공개리에 조사했을 뿐입니다. 그리고 캐나다는 입법화를 포기할 수밖에 없었습니다.

따라서 당신이 그럴듯한 힘을 쥐고 있다면 법 때문에 안절부절못할 필요가 없습니다. 국내법은 문제조차 되지 않습니다. 국민들이 모르는 사이에 국가 간에 체결된 협정이 문제입니다. 대다수의 국민이 그런 것에 좋지 않은 감정을 품고 있는데도 그런 것을 협정이라 칭하는 것이 우습지 않습니까?

각국 정부는 대부분의 협상을 비밀리에 진행합니다. 국민이 반대할 것을 알고 있기 때문입니다. 무역협정의 목표는 투자자, 달리 말하면 다국적기업의 이익과 권리를 보호하고 증대시키는 데 있습니다. 이런 협정은 국민의 주권과 민주주의의 발전을 직접적으로 훼손하는 짓입니다.

— 선생님 주장에 따르면, 국가 논리와 기업 논리가 크게 다를 바가 없습니다. 맞습니까?

— 근본적으로 다를 바가 없습니다. 서구 민주국가들을 누가 지배하고 있는지 눈을 크게 뜨고 보십시오!

― 선생님은 참여를 어떻게 생각하십니까? 참여야말로 민주주의를 지탱해주는 근간의 하나가 아닐까요?

― 어느 정도까지 맞습니다. 하지만 참여는 제한적 개념이기 때문에 나라마다 그 범위가 다릅니다. 예컨대 유럽에는 노동당이나 노동조합을 대표하는 의원들이 있지만, 이런 의원들이 의회에서 사라져주기를 간절히 원하는 나라도 적지 않습니다.

미국은 '민주주의'라 부를 수 있는 체제의 파괴 공작에서 가장 앞선 나라일지도 모릅니다. 미국에서 노동조합이 중대한 영향력을 행사한 적은 한 번도 없었습니다. 민주당이 노동자를 대표하는 정당으로 여겨지기는 하지만, 정작 노동당이 하원이나 상원에 진출한 적은 없습니다.

그런데 20여 년 전부터 기업의 반격이 대대적으로 시작되었습니다. 제2차 세계대전 종전 직후, 미국의 여론은 상당히 급진적이었고 사회적 가치를 중요하게 여겼습니다. 기업계로서는 불안할 수밖에 없었을 것이고, 결국 대대적인 선전 캠페인에 나섰습니다. 당신도 잘 알겠지만, 홍보 산업도 이제 거대한 공룡이 되었습니다. 하여튼 기업계는 학교와 교회와 스포츠 조직에 파고들어 사람들에게 자본주의의 장점을 세뇌시키기 시작했습니다. 그 결과로 자본주의는 모든 국민의 유일한 신앙이 되었습니다.

지금과 마찬가지로 노동조합은 정면공격의 대상이었습니다. 예를 들어 유명한 영화 〈워터프론트〉[2]는 노동조합의 부패상을 적나라하게 보여줍니

---

2   On the Waterfront. 1954년에 개봉된 이 영화에서, 엘리아 카잔Elia Kazan 감독은 부두 노동자들의 노동조합과 주인공 테리 멀로이 사이의 대립을 극적으로 표현했다. 노동조합을 노동자의 권익을 보호하기는커녕 범죄 행각을 일삼는 조직으로 묘사한 영화다.

다. 물론 노동조합이 부패하지 않았다고 말할 수야 없지만 그 정도까지는 아닙니다. 하지만 노동자들에게 노동조합이 그들의 친구가 아니라 적이라는 생각을 심어줘야 했습니다. 노동자가 아닌 사람들에게도 노동조합은 마피아와 다름없는 공갈 폭력단이란 생각을 심어줘야 했습니다.

노동조합을 주제로 한 또 다른 영화 〈솔트 오브 어스 Salt of Earth〉란 영화가 거의 같은 시기에 개봉되었습니다. 노동자들의 삶과 투쟁을 진솔하게 그린 잘 만들어진 영화로 예술적 가치로는 〈워터프론트〉를 능가하는 작품입니다. 하지만 이 영화는 실험적인 영화관에서나 만나볼 수 있었던 까닭에 큰 반응을 얻지 못했습니다. 자기 권리를 지키기 위해 부패한 노동조합에 맞서 싸우기로 결심한 '대담한 청년'(말런 브랜도)이 전해주는 강렬한 메시지 같은 것은 없었지만 노동조합의 전형을 보여준 영화입니다. 이 문제를 주제로 연구한 논문들이 적지 않습니다.

기업계는 이제 국가정책까지 당당하게 공격하고 있습니다. 국민에게 국가는 적이며, 국가는 국민이 착실히 납부한 세금을 훔쳐간다고 논리적으로 설명합니다. 진정한 민주 사회에서 세금을 납부하는 것은 자유롭게 의사를 결정하고 공동의 프로젝트를 원만하게 진행시키겠다는 의지의 표명입니다. 하지만 이렇게 생각해서는 안 됩니다. 게다가 대대적인 선전 공작이 우리에게 정반대로 생각하도록 강요하고 있습니다.

— 선생님 논리대로라면 국가는 없어져야 할 대상처럼 생각됩니다…….

— 조금 완곡하게 표현해봅시다. 권력자에게는 국가가 필요합니다. 그래야 세상을 지배하고 비용과 위험을 국민에게 분산시킬 수 있을 테니까요.

이런 목적으로 고안해낸 뛰어난 간계 중 하나가 '안보'입니다. '경계를 늦춰서는 안 됩니다. 러시아가 호시탐탐 우리를 노리고, 니카라과군이 우리 땅을 넘보려 합니다!'라고 국민에게 겁을 줍니다. 이렇게 위협받은 국민이 정말로 겁먹으면 국방을 위한 납세 의무를 기꺼이 인정하지 않겠습니까?

국방은 강력한 국가, 즉 자국 질서를 유지하기 위해서 타국 정책에 간섭할 수 있고 타국 경제까지 좌우할 수 있는 강력한 국가를 전제로 합니다. 따라서 우리는 강력한 국가는 갖게 되지만, 이 국가는 국민을 위해서는 어떤 일도 하지 않습니다. 국민에게 국가는 국민의 이익에 반하는 존재라는 믿음을 심어줘야 하기 때문입니다. 그 결과로 미국은 사회보장제도에 의료 혜택을 포함시키지 않은 유일한 산업국가로 남는 극단적 상황에 이른 것입니다.

— 선생님 설명이 미국에 국한됐다고 생각하지는 않으십니까? 즉, 유럽에는 적용될 수 없다는 뜻입니다.

— 유럽은 미국보다 공동 가치를 존중하는 편입니다. 사회민주주의를 경험한 대륙이니까요. 하지만 유럽도 조만간 미국처럼 변할 것입니다.

— 오히려 유럽이 미국을 앞서 가는 것은 아닐까요?

— 그렇게 생각지는 않습니다. 지금 유럽에서 나타나는 커다란 흐름을 직시한다면 결코 그렇게 생각하지 못할 것입니다. 유럽 강대국들은 미국과 영국이 주도하는 세계경제만 주시하고 있을 뿐입니다. 미국과 영국을 흉내 내려하면서 사회민주주의에 근간한 사회제도를 끊임없이 뜯어고치고 있습니다.

— 그래도 리오넬 조스팽, 토니 블레어, 게르하르트 슈뢰더와 같은 정치인들이 있습니다.

— 그들은 이미 우익에 속한 정치인들입니다.

— 혹시 그들을 자극하려고 그렇게 말씀하시는 것은 아닙니까?

— 천만에요. 토니 블레어는 우상처럼 숭배하던 클린턴을 그대로 닮아가고 있습니다. 휴머니즘이란 가면을 쓴 채 보수적인 정책을 추진하고 있지 않습니까! 블레어는 노동당을 무력한 정당으로 전락시키고 있습니다. 게다가 노동조합을 와해시키고 사회보장비를 감축했습니다. 대기업과 손잡고 그들의 세금마저 감면해주고 있습니다.

　모두가 세계경제에 어떤 규제도 없기를 바라면서, 국민과 민주주의를 파괴하는 이런 경제체제에 인간의 얼굴을 덧씌우려 합니다. '제3의 길'³이란 멋진 이름까지 붙여주면서 말입니다.

— 리오넬 조스팽을 토니 블레어와 똑같이 취급할 수 있겠습니까?

— 물론 두 사람을 똑같이 평가하지는 않습니다. 분명한 차이가 있습니다.

---

3 '제3의 길The Third Way'이란 개념은 유럽에서 토니 블레어(영국 노동당, 전 총리), 게르하르트 슈뢰더(독일 사회민주당, 전 총리), 리오넬 조스팽(프랑스 사회당, 전 총리), 마시모 달레마(이탈리아 좌익민주당, 전 총리) 등으로 대표되는 중도좌파가 거의 동시에 정권을 잡으면서 대두되기 시작했다. '제3의 길'은 전통적인 좌파와 신자유주의로부터 일정한 거리를 둔 중도적 정책을 뜻한다. 특히 1994년에 《좌파와 우파를 넘어서*Beyond Left and Right*》를 쓴 앤서니 기든스Anthony Giddens는 토니 블레어에게 이념적 강령을 제시한 두뇌로 여겨진다. '제3의 길'을 옹호하는 사람들의 주장에 따르면, 시장경제를 대체할 만한 대안이 없더라도 좌파의 가치관을 재검토할 필요는 없다.

프랑스와 영국이 발전 단계에서 다른 수준에 있기도 하지만 두 나라 국민도 무척이나 다릅니다. 프랑스와 독일 국민은 사회적 경험에서 얻은 가치관을 상당히 중요하게 여기는 편입니다. 물론 두 나라의 지배계급이 그 가치관을 지워내려 애쓰지만 쉬운 일이 아닐 것입니다.

— 스웨덴은 좋은 반증이 아닐까요?

— 스웨덴은 상당히 흥미로운 나라입니다. 1980년대에 기업주들은 복지국가를 지향하는 국가정책에 거세게 반발했습니다. 그런데 이 작은 나라의 경제는 여러 다국적기업에 크게 의존했고, 다국적기업들은 군대에 의존했습니다. 에릭슨 사^{Ericsson Inc.}에서 최첨단 모바일 폰을 만들 수 있었던 것은 군사용으로 개발된 테크놀로지에 접근할 수 있었기 때문입니다.

비슷한 현상은 어디에서나 발견됩니다. 하여간 이런 다국적기업들은 스웨덴의 사회체제를 무너뜨릴 만한 압력 수단을 적잖게 갖고 있습니다. 생산 기지를 해외로 옮기겠다는 협박이 대표적인 예입니다. 국내에는 저부가가치 생산 기지만 남겨두고, 고부가가치 상품을 생산하는 공장을 해외로 이전하겠다고 위협한다면 어떤 정부가 다국적기업의 요구를 들어주지 않겠습니까? 실제로 이런 위협으로 스웨덴의 사회체제가 상당히 약화된 것이 사실입니다.

— 하지만 영국이나 미국보다는 낫지 않겠습니까?

— 물론입니다. 하지만 가볍게 넘길 현상이 아닙니다. 조만간 프랑스에도

세계화는 결코 자연스러운 현상이 아닙니다.
분명한 목표를 갖고 정치적으로
고안되는 현상입니다.

똑같은 바람이 불어닥칠 것입니다. 문제는 세계화입니다. 세계화는 결코 자연스러운 현상이 아닙니다. 분명한 목표를 갖고 정치적으로 고안되는 현상입니다.

시장이 인위적으로 조작된 법칙에 따라 움직이고 있습니다. 요컨대 세계화는 미국식 모델을 전 세계로 옮겨 심는 것입니다. 이것이 세계화의 목표이고 결론입니다.

— 결국 세계화는 기업계와 산업계가 만들어낸 창작품이란 뜻입니까?

— 세계화 자체는 상당히 좋은 것입니다. 세계화 덕분에 당신과 내가 지금 이탈리아에서 얼굴을 마주하고 이야기를 나눌 수 있는 것이 아니겠습니까? 엄격히 말하면 민주주의의 세계화 덕분입니다. 여하튼 외국 기업의 투자도 때로는 바람직한 결과를 낳을 수 있습니다. 문제는 이런 세계화가 어떻게 진행되고 있는지를 통찰하는 것입니다. 현재의 세계화는 민간 기업과 국가가 쌍둥이처럼 밀착해서 주도하고 있습니다. 둘 다 똑같은 목표를 지향하고 있기 때문입니다.

대기업의 최고 경영진들과 마찬가지로, 빌 클린턴과 토니 블레어는 같은 배를 탔습니다. 물론 그들은 그렇지 않다고 항변합니다. 어쩌면 실제로 그들은 그렇게 생각할지도 모릅니다. 하지만 빌 클린턴과 토니 블레어가 민주주의와 공동의 이익을 파괴하고 있다는 사실은 부인할 수 없습니다.

— 그래도 클린턴이 통치하는 지금, 미국은 성장과 풍요의 시대를 누리고 있다고 평가하는데요…….

— 겉으로는 그렇게 보이겠지만, 대다수의 국민에게는 그렇지 않습니다. 임금과 수입이 20년 전의 수준에 머물러 있으니까요. 제2차 세계대전이 끝난 이후로 지금처럼 불평등이 심화된 때가 없었습니다. 사회보장도 최악의 수준으로 떨어졌습니다. 게다가 노동시간도 끊임없이 늘어나고 있습니다 …….

하지만 금융계만큼은 마법에라도 걸린 듯한 별천지입니다. 이렇게 일부 분야에 종사하는 국민만이 건강하게 살아가고 있습니다. 예컨대 나처럼 말입니다. 내가 새로운 경제 상황 덕분에 엄청난 돈을 벌어들이는 사회계층에 속해 있다는 뜻입니다. 다시 말하면 사회 계급의 최상층에 속해 있다는 뜻입니다.

통계자료를 면밀히 분석해보면 클린턴 행정부에서의 성장은 대부분 국민의 땀으로 이루어냈다는 것을 알 수 있습니다. 제2차 세계대전 이후 가장 힘없는 집단으로 전락한 그 국민의 땀을 대가로 이룬 성장입니다.

— 하지만 미국의 국내총생산$^{Gross\ Domestic\ Product}$ (이하 GDP)이 놀랍게 성장한 것으로 알고 있는데요 …….

— 경제 규모가 중요한 것은 아닙니다. 중요한 것은 국민이 직접 소유한 부의 크기입니다.

미국 인구는 지속적으로 늘고 있으며, 경제성장률도 유럽에 비해 상대적으로 높습니다. 하지만 이런 수치는 커다란 의미가 없습니다. 경기순환의 마지막 단계에서 1인당 GDP를 계산하면, 유럽과 미국은 거의 같은 수준입니다.

또한 유럽과 일본에 비해 월등히 높은 인구증가율을 고려할 때, 1989년과 1999년 사이의 경기순환에서 최고점에 달한 때로부터 10년 동안 미국의 1인당 GDP는 일본과 EU와 거의 같습니다. 물론 최근 몇 년간은 미국의 1인당 GDP 증가율이 높지만, 단기간의 수치 변화는 큰 의미가 없습니다.

미국에서도 긍정적인 변화가 없었던 것은 아니지만 과거에 비하면 미미한 수준입니다. 금융자본의 탈규제화가 시작되기 전인 1950년부터 1970년까지 산업계의 성장은 괄목할 만한 것이었습니다. 경제학자들이 '황금시대'라는 이름을 붙일 정도였으니까요. 그런데 1970년 이후는 '납의 시대'라고 칭해도 과언이 아닐 것입니다. 성장률이 눈에 띄게 떨어졌고, 임금도 제자리걸음을 하거나 감소되었습니다. 노동시간은 늘어났는데도 말입니다.

— 그래도 평균 이상의 성장을 기록했다고 말할 수 있지 않을까요?

— 아닌 게 아니라 그렇습니다. 1991년부터 1998년까지 상위 1퍼센트는 상당한 이득을 보았으니까요. 특히 상위 0.5퍼센트는 더 부자가 되었습니다. 상위 10퍼센트에 속한 국민도 요령껏 재미를 보았지만, 그다음 10퍼센트에 속한 국민 중 80~90퍼센트는 수입과 자산이 1998년까지 실질 가치보다 떨어지는 아픔을 맛보아야 했습니다. 물론 그 아래 단계의 국민은 더 가난해졌습니다. 이런 수치에 대한 자료는 어디에서나 확인할 수 있습니다.

이 시기 동안 가계 부채는 눈덩이처럼 불어났습니다. 실제로 많은 분야에서 부채가 수입을 초과하면서 역사적 기록이 깨져가고 있습니다.

4,500만에 달하는 사람들이 의료보험 혜택을 받지 못하고 있으며, 그 수가 점점 늘어나는 추세입니다. 다른 산업국가보다 빈곤이 만연한 실정입니

미국은 세계에서 가장 부유하고 풍요로운 나라입니다.
비교할 나라가 없습니다. 그런데 임금은 유럽보다 낮고,
노동시간은 모든 산업국가 중에서 가장 깁니다.
일본의 노동시간마저 추월했습니다.
게다가 유급휴가가 없는 유일한 나라이기도 합니다.

다. 그런데도 출생률은 높아집니다. 끔찍한 일이 아닐 수 없습니다! 미국은 세계에서 가장 부유한 나라입니다. 수많은 이점과 엄청난 자원을 지닌 나라입니다. 게다가 어깨를 겨눌 만한 적도 없습니다. 1812년 이후로 미국 본토가 공격당한 적은 한 번도 없었습니다.⁴ 독일이 미국에 선전포고를 했지만 미국 본토에서는 전쟁이 벌어지지 않았습니다. 일본도 미국 식민지인 하와이와 필리핀을 폭격한 정도였습니다.

미국은 세계에서 가장 부유하고 풍요로운 나라입니다. 비교할 나라가 없습니다. 그런데 임금은 유럽보다 낮고, 노동시간은 모든 산업국가 중에서 가장 깁니다. 일본의 노동시간마저 추월했습니다. 게다가 유급휴가가 없는 유일한 나라이기도 합니다.

— 유럽이 단일 통화를 사용하면서 단일 시장이 된다면 상황이 변하리라 생각하십니까? 미국의 패권주의를 위협할 거라 생각하십니까?

— 앞날을 누가 감히 예측할 수 있겠습니까? 누구도 그 결과를 단언할 수 없다고 생각합니다. 경제학자들과 기업 경영자들도 제각기 다른 의견을 내놓고 있으니까요.

미국 기업에 위협이 되리라는 평가는 유로가 실질적으로 달러의 경쟁 통화로 부상하리라는 예측에서 비롯된 것입니다. 예를 들어 원유와 같은 상품의 가격이 달러가 아닌 유로로 표현되기 시작하면 미국에게는 치명타가

---

4 1812년 6월 제임스 매디슨 대통령이 영해권 방어를 목적으로 영국에 선전포고를 했다. 양국이 바다와 오대호 지역에서 접전을 벌였고, 영국군은 워싱턴을 불바다로 만들었지만, 뉴올리언스에서의 패배로 1814년 평화조약에 서명해야 했다. 그 이후 미국 본토는 2001년 9월 11일 세계무역센터 빌딩과 펜타곤이 습격받기 전까지 공격당한 적이 없었다.

될 수도 있습니다. 또 중국이 외환 거래에서 달러와 동등하게 엔과 유로를 채택하면 미국 금융기관들에게 좋지 않은 영향을 미칠 것이 분명합니다.

하지만 미국이 EU에 비해서 월등하게 경쟁력을 지닌 분야가 하나 있습니다. 바로 기업의 덩치입니다. 미국 기업은 유럽 기업에 비해 덩치가 월등히 큽니다. 게다가 거대한 내수 시장을 기반으로 하고 있어, 규모의 경제를 운영함으로써 효율성을 극대화시킬 수 있습니다.[5] 요컨대 미국 기업은 거대한 덩치 덕분에 언제나 게임의 주역으로 군림할 수 있으리라 생각합니다.

따라서 단일 시장과 단일 통화로 통합된 유럽이 미국에 위협이 될 것이냐는 문제는 쉽게 대답할 수 없습니다. 제2차 세계대전이 끝난 직후에도 비슷한 상황이 있었습니다. 미국은 유럽이 하나로 통일되기를 바라면서도 방해 공작을 펼쳤습니다. 미국이 발칸 반도 문제를 해결할 가능성이 훨씬 큰 외교 방법을 제쳐두고 NATO군을 동원하는 것도 비슷한 맥락이라 생각합니다. 물론 NATO군의 군사작전이 반드시 실패할 거라 단정할 수는 없지만, 이 군사작전을 미국이 주도하는 것은 사실입니다.

— 프랑스는 NATO군의 공격을 반대하는 입장을 분명히 표명했습니다.

— 대안이 어찌 없겠습니까? 대서양에서 우랄 산맥까지 방대한 땅을 가진 유럽이 외교 문제에서 확고한 목소리를 내는 주역이 되어야 합니다. 물론 미국은 이런 변화를 달갑게 생각하지 않을 것입니다. 유럽은 언제까지나 NATO군의 보호 아래 있어야 한다고 생각하면서 말입니다. 좀 더 직설

---

5 생산량의 증대로 제작 단가를 최소로 낮출 수 있을 때 기업은 규모의 경제에 이르렀다고 말한다.

적으로 말하면 미국의 지배 아래에 있어야 한다고 생각할 것입니다. 미국은 최강대국의 면모를 과시하기 위해서라도 분쟁이 무력으로 해결되기를 바랍니다. 영국도 다를 바가 없습니다. 영국은 더 이상 세계를 움직일 만한 경제 강국이 아니지만 군사력에서는 여전히 미국 다음가는 세계 2위입니다. 전 세계가 반대하는데도 미국과 영국이 앞장서서 이라크를 공격⁶한 이유도 바로 여기에 있습니다. 달리 말하면 두 나라 군사력이 세계에서 가장 막강하기 때문에 외교로 충분히 해결할 수 있는 문제까지 무력으로 해결하려는 것입니다.

군사력은 미국이 세계 최강입니다. 경제력도 사실 세계 최강이지만 압도적 우위를 점하는 것은 아닙니다. 많은 분야에서 북아메리카와 유럽, 동아시아와 동남아시아가 거의 어깨를 나란히 하고 있습니다. 물론 개별 국가로 따진다면 미국에 필적할 나라가 없지만 말입니다.

제2차 세계대전 이후의 세상을 경제적으로 평가한다면 신세계라 말할 수 있습니다. 1945년에 미국은 세계 부富의 거의 절반을 차지하고 있었습니다. 전대미문의 기록입니다. 당시 미국은 군사적으로 압도적 우위에 있었기 때문에 외부 세계로부터 어떤 위협도 받지 않았습니다. 물론 미국이 세계 모두를 지배한 것은 아니었지만 그때만큼 막강한 힘을 누린 때도 없었습니다. 오늘날도 크게 달라지지 않았습니다. 유럽과 일본이 재건하면서 상황이 복잡해진 것은 사실이지만 미국은 여전히 세계 부의 25퍼센트를 차지하고 있으며 군사력에서도 압도적 우위를 지키고 있습니다.

유럽이 진정으로 하나로 통일된다면 전반적인 면에서 미국의 대항 세력

---

6   1998년 12월 17일에 시작된 미국과 영국의 대규모 이라크 공습을 뜻한다. 일명 '사막의 여우desert fox' 작전으로 불린다 —옮긴이.

이 될 수 있을 것입니다. 인구도 훨씬 많을 뿐 아니라 교육 수준도 높고, 산업도 미국에 필적할 수준이기 때문입니다. 따라서 미국은 유럽을 애증 섞인 눈으로 바라볼 수밖에 없습니다. 오늘날 미국의 부속국처럼 전락한 영국이 미국을 도와서 유럽의 통일을 방해하는 것도 이 때문입니다.

— 결국 선생님은 통일된 유럽의 미래를 밝게 보시지 않는군요?

— EU가 결성되기는 했지만 대중의 참여가 제한되어 있습니다. 그런데도 EU가 유럽중앙은행에 완전한 독립성을 부여한 것을 두고 미국의 우익은 의아하게 생각합니다. 이 은행은 인플레이션 억제와 같은 정책적 과제를 책임지고 다룹니다. 유럽중앙은행이 인플레이션율에 신경을 쓰는 것은 투자자들이 인플레이션 현상을 달갑게 여기지 않기 때문입니다. 하지만 인플레이션 억제 정책은 필연적으로 성장을 억제하고 삶의 수준을 저하시킨다는 사실을 간과해서는 안 됩니다.

EU는 이처럼 태생적 한계를 지니고 있기 때문에 시민들이 끼어들 여지가 거의 없습니다. 발행 부수가 가장 많은 국제 관계 전문잡지이며 미국의 외교관계협의회에서 발간하는 《포린어페어스*Foreign Affairs*》는 국민 앞에 어떤 책임도 지지 않는 중앙은행에 유례가 없는 권한을 부여했다는 이유로 EU를 반反민주적 집단이라 평가하며 격렬히 비난을 퍼부었습니다. 미국의 중앙은행인 연방준비은행도 상대적으로 독립적이기는 하지만 유럽중앙은행만큼 독립되어 있지는 않습니다. 결국 유럽중앙은행은 유럽 체제의 일부입니다. 달리 말하면, 미국에서와 마찬가지로 유럽에서도 부와 권력을 쥔 사람들이 대중의 참여를 완강히 반대한다는 뜻입니다.

이상한 일이지만 모든 나라의 국민이 이런 현상에 길들여진 듯합니다. 이런 전반적인 현상에 '결여된 민주주의'라는 이름까지 붙여진 실정입니다. 부인할 수 없는 현실입니다. 유럽의 연방주의는 국민의 민주적 참여를 최소화하기로 목표를 세운 듯합니다. 유럽의회가 있지만, 특별한 권한이 없는 집단일 뿐입니다. 지역주의가 기승을 부리는 이유 중 하나가 여기에 있다고 생각합니다. 달리 말하면 EU의 반민주적 중앙집권화에 대한 반발로 지역 문화의 정체성을 새롭게 강조하는 분위기가 조성된 것일 수 있습니다.

국민이 지배계급의 독선을 그대로 수용할 필요는 없습니다. 그 흐름을 거꾸로 뒤집어버릴 수도 있습니다. 하지만 먼저 이런 흐름을 인식하고 깨달아야 합니다. 그리고 조직된 힘으로 그 문제를 주도면밀하게 분석해야 합니다. '제3의 길'은 이런 문제들에서 국민의 관심을 돌리려는 미사여구에 불과합니다. 유권자를 속이고 유권자가 다른 생각을 못하도록 휴머니즘이라는 가면으로 치장한 정략일 뿐입니다. 지배계급이 국민을 진정으로 도우려 한다는 헛된 믿음을 심어주기 위해 극단적인 방법 대신 온건한 노선을 지향하는 것일 뿐입니다.

— '제3의 길'을 지나치게 미국적으로 해석한 것은 아닐까요?

— 그렇게 보일 수도 있겠지만 나는 그렇게 생각하지 않습니다. '제3의 길'을 주장하는 지배계급은 체제 순응적인 지식인들을 동원해서 이 이념을 멋지게 색칠하고 있습니다. 역사는 언제나 이런 식이었습니다. 대중이 저항하고 싸워서 승리를 거둘 때 때때로 진정한 변화가 이루어질 수 있습니다.

7 엄밀한 의미에서 민주주의는 과거에도 없었고 미래에도 존재하지 않을 것이다.
— 칸트(독일의 철학자)

현실의 민주주의는 가짜다

대중은 각자의 삶을 영위하는 데 전념할 것이고,
순간적으로 유행하는 소비재와 같은 피상적인 것에 열중하게 될 것입니다.
모든 단계의 정책 결정에서 '참여자'가 아니라 '구경꾼'에 머물게 될 것입니다.
심지어 노동 현장과 그 이상에 관련된 정책 결정에서도 말입니다.

— 인간이 가장 덜 나쁜 체제로 찾아낸 것이 바로 민주주의라는 주장에 선생님은 동의하십니까?

— 민주주의는 가장 덜 나쁜 체제가 아니라 가장 좋은 체제입니다. 마하트마 간디는 서구 문명에 대해 어떻게 생각하느냐는 질문에 "썩 괜찮은 문명이라 생각합니다. 그런 문명을 창조하려고 노력한 보람이 있었겠습니다 ……"라고 대답했습니다. 민주주의에 대해서도 똑같이 말할 수 있습니다. 서구 문명과 마찬가지로 민주주의도 분명히 존재하지만 그 찬란한 약속을 제대로 이행하지 못했을 뿐입니다.

민주주의를 확대시키려는 대중과, 민주주의를 제한하려 안간힘을 다하는 지배계급 간의 투쟁은 지금도 계속되고 있습니다. 대기업의 힘을 키워주는 정책과 무역협정은 민주주의를 제한하려는 음모입니다.

— 민주주의가 최고의 체제라면 …….

— 모든 것이 민주주의를 어떻게 정의하느냐에 달려 있습니다. 특히 미국에 널리 알려져 거의 공식화된 이론에 따르면, 민주주의는 '국민이 당사자가 아니라 방관자에 머무는 체제'입니다. 일정한 시간 간격을 두고 국민은

투표권을 행사하는데 자신들에게 나아갈 방향을 제시해줄 지도자를 선택하는 겁니다. 이렇게 권리를 행사한 후에는 집에 얌전히 틀어박혀 있어야 합니다. 주어진 일에 열중하고 벌어들인 돈으로 소비하고 텔레비전을 시청하며 요리나 하면서 지내야 합니다. 국가를 성가시게 만들어서는 안 됩니다. 바로 이런 것이 민주주의입니다.

이런 틀이 깨질 때 미국과 유럽의 반응은 아주 다릅니다. 예컨대 1975년 삼각위원회가 '민주주의의 위기The Crisis of Democracy'라는 제목으로 발표한 최초의 보고서를 두고 유럽에서 어떤 논란이라도 있었습니까? 미국에서는 이런 종류의 보고서가 발표되면 엄청난 논란을 불러일으킵니다. 적어도 내 생각은 그렇습니다.

— 선생님은 유럽이 지나치게 소극적이라 생각하시는 겁니까?

— 유럽에는 참여 지식인이 많다고 생각하겠지만 실제로는 전혀 그렇지 않습니다. 물론 예외적인 경우가 없지는 않지만 말입니다. 많은 진보적 발전이 있었지만, 그 원동력은 지식인이 아니었습니다. 대중의 결집된 힘, 그리고 조직화된 노동계급이었습니다.

예를 들어보겠습니다. 1960년대에 유럽, 미국, 일본 등 거의 세계 전역에서 대대적인 저항운동이 일어났습니다. 미국적 의미에서의 자유주의를 표방한 엘리트 집단과 사회민주주의를 표방한 엘리트 집단은 당황하지 않을 수 없었습니다. 이런 배경에서 삼각위원회가 탄생했고, 이런 엘리트 집단이 회원으로 참여했습니다. 대기업의 경영자들과 정치 지도자들, 그리고 미국과 유럽과 일본의 지식인들도 회원으로 참여했습니다. 그들은 세계

대기업의 힘을 키워주는 정책과 무역협정은
민주주의를 제한하려는 음모입니다.

주의를 표방하는 자유주의자로 자처했습니다. 요즘에 '제3의 길'을 추종하는 사람들과 다를 바가 없었습니다. 예컨대 카터 행정부에서 요직을 차지한 사람들은 모두가 삼각위원회 출신이었습니다. 카터 자신을 포함해서 말입니다. 삼각위원회가 창설된 직후 데이비드 록펠러[1]의 발의로 이 위원회는 〈민주주의의 위기〉라는 중요한 보고서를 발간했습니다. 삼각위원회가 개최한 강연을 재수록한 것입니다. 강연자는 프랑스의 미셸 크로지어[2], 미국의 새뮤얼 헌팅턴[3], 일본의 조지 와타누키[4]였습니다. 그들의 주장에 따르면, 삼각위원회에 참여한 국가들의 국민이 1960년대 들어 공공의 장에 진입하려 했기 때문에 '민주주의의 위기'가 닥쳤다는 것입니다. 언제나 얌전하게 있어야 할 대중, 즉 여성과 젊은이와 소수민족을 포함한 전 국민이 정치 토론에 끼어들려 했다는 것입니다.

순진한 사람이라면 이런 것이 바로 민주주의라고 생각할 것입니다. 하지만 세상의 흐름을 조금이라도 아는 사람이라면 민주주의의 위기가 거론된 이유를 납득할 수 있을 것입니다. 삼각위원회는 당시 상황을 '과도한 민주주의 excessive democracy'라고 진단하면서, 이런 위기를 극복하려면 '절제된 민주주의 moderation in democracy'의 교육이 필요하다고 역설했습니다. 그들의 논리에 따르면, 대중이 온순하고 무관심한 대중으로 돌아갈 때에야 진정한 민주주의가

---

1 David Rockefeller(1915~). 석유왕 존 D. 록펠러 John Davison Rockefeller(1839~1937)의 손자로 뉴욕 체이스맨해튼은행 회장을 지냈다 - 옮긴이.

2 Michel Crozier(1922~2013). 프랑스의 사회학자. 프랑스 도덕 · 정치 과학 아카데미 회원이었으며, 조직 이론에 정통했다 - 옮긴이.

3 Samuel Huntington(1927~2008). 하버드 대학 알버트 웨더헤드 석좌교수를 지낸, 군사정치학과 비교정치학의 일인자. 21세기 국제정치를 조망하게 해주는 〈문명의 충돌 The Clash of Civilizations and the Remaking of World Order〉(1996)은 세계적으로 큰 논쟁을 불러일으켰다 - 옮긴이.

4 綿貫讓治(1931~). 일본의 정치학자, 사회학자. 조치上智 대학 명예교수 - 옮긴이.

회복될 수 있습니다.

미국을 대표해 강연한 새뮤얼 헌팅턴은 옛 향수를 불러일으키는 감동적인 발언을 했습니다. "해리 트루먼[5]은 월스트리트 은행가와 변호사의 도움만으로도 미국을 통치할 수 있었다"라고 말입니다. 그들은 '젊은 층의 교화'를 책임진 교육기관의 실패를 특히 우려했습니다. 초·중·고등학교와 대학, 교회가 소명을 다하지 못하고 있다는 것이었습니다. 교육기관이 젊은이들에게 순종의 미덕을 심어주지 못한다고 지적했습니다.

신자유주의라는 형식으로 민주주의에 대한 무차별적 공격이 시작된 것이 바로 이때입니다. 대기업에 힘을 실어주었고, 복지국가의 기본 틀이 무너지기 시작했습니다. 그리고 대대적인 선전 공세가 펼쳐졌습니다. 물론 삼각위원회가 이것을 결정한 것은 아닙니다. 삼각위원회의 보고서는 민주주의를 공격하는 것으로 치달을 수밖에 없는 수많은 불안 요인 중 하나였을 뿐입니다. 두 사건이 시간적으로 우연히 일치했을 뿐입니다.

— 선생님 주장에 따르면 미국인들이 헌법 정신을 상실한 듯합니다. 1차 수정헌법은 자유의 중요성을 역설하고 있는데요······.

— 1차 수정헌법은 표현의 자유와 종교의 자유를 언급하고 있습니다.[6] 표현의 자유는 오랫동안 상대적으로 좁은 의미로 해석되었습니다. 하지만 시간이 흐르면서 표현의 자유를 보호하기 위한 메커니즘이 차츰 강화되어,

---

5 Harry Truman (1884~1972). 1945년 4월 미국 루스벨트 대통령이 사망한 뒤 대통령직을 승계했으며, 1948년 선거에서 재선되었다 - 옮긴이.

6 권리장전Bill of Rights의 첫 조항을 가리킨다 - 옮긴이.

1960년대에는 공민권을 위한 투쟁이란 차원에서 그들은 세계 유일의 수준에까지 이르렀습니다. 지배 이념은 '삶과 자유와 행복의 추구'를 언급한 독립선언문에 고스란히 녹아 있습니다. 그러나 이런 것들이 헌법적 위상을 갖지는 않습니다. 그저 듣기 좋은 말일 뿐입니다.

— 프랑스는 다른 해석, 즉 자유보다 평등을 강조하는 해석을 선호합니다.

— 이론적으로는 가능한 해석입니다. 하지만 실제로 프랑스는 세계에서 가장 불평등이 만연한 나라 중 하나입니다. 믿고 싶지 않겠지만 평등을 강조하는 구호는 거짓말일 뿐입니다.

아리스토텔레스에서 시작해볼까요? 아리스토텔레스는 《정치학 ^{Politika}》에서 평등이 민주주의의 토대라고 주장했습니다. 평등하지 않은 사회는 민주사회가 될 수 없다고 단언했습니다. 그런데 이 원칙은 일부 국민, 즉 시민이라 여겨진 자유로운 남자에게만 해당되는 것이었습니다. 여자는 아닙니다. 그러나 아리스토텔레스 이후에도 인간 사회가 이 원칙에서 벗어난 적은 없었습니다.

애덤 스미스는 순수한 완전경쟁 상태가 이루어지면 시장은 완전히 평등해질 것이라 생각했습니다. 고전경제학파의 주된 사상은 우리가 평등한 사회를 건설할 수 있고 건설해야만 한다는 가정에 근거하고 있지만, 이런 가정은 환상일 뿐입니다.

미국의 노동운동은 어떤 고전적 사상에도 근거하지 않고 자생적이었다는 점에서 흥미로운 연구 과제입니다. 보스턴에 살던 아일랜드 출신의 제화공들, 공장에서 일하는 시골 출신의 젊은 여공들 등으로 구성된 조직이 미국 노동운동의 효시라 할 수 있습니다. 19세기 중반경 그들은 독자적으로 신문도 발행했습니다. 그들은 단결함으로써 평등을 쟁취하려 했습니다. 그들은 타인의 운명에는 관심 갖지 말고 자기 잇속이나 채우라고 가르치는 '새로운 시대정신'에 맞서 싸웠습니다.[7] 그들은 이런 시대적 흐름을 비도덕적인 것이라 여겼습니다. 이처럼 자본주의 윤리에 따라 사람들에게 평등주의라는 환상을 내던지고 자신부터 부자가 되어야 한다고 세뇌시키는 데 수백 년의 시간이 걸렸습니다. 엘리트 계급의 정책이 바로 그것입니다.

― 민주주의는 국민의, 국민에 의한, 국민을 위한 정부라고 말하는 학자들도 있는데요…….

― 머릿속에서 그런 생각일랑 완전히 씻어내십시오. 정부는 국민의 것도 아니고 국민에 의한 것도 아니며 국민을 위한 것도 아닙니다. 지배계급은 온갖 수단을 동원하는데, 때로는 텔레비전의 범죄물처럼 아주 단순한 수단으로 우리를 세뇌시켰습니다. 나는 이런 문제를 본격적으로 다룬 연구서를 읽어본 적이 없지만, 지배계급이 동원한 수단이 시대에 따라 바뀐 것 같습니다. 옛날에는 미 연방수사국(이하 FBI) 요원이 흉악한 범죄자를 체포하는 영웅이었습니다. 하지만 요즘에는 지방경찰이 그 역할을 맡고 있고, FBI는 그런 지방경찰의 일을 사사건건 방해하는 존재로 비칩니다. 세금 징수처럼 정부의 간섭을 간접적으로 비난하는 것이 아닐까요? 하지만 수단인과 쿠바인으로부터 우리를 지켜주고 우리 경제를 지탱해주는 국가 안보는 어떤

---

7 정확한 구호는 "부자 되세요, 모두 잊고 당신만 생각하세요 Gain Wealth, forgetting all but Self"였다.

비난도 허용치 않는 철옹성입니다.

— 군부가 특별 대우를 받는 이유가 무엇이라 생각하십니까?

— 그 이유는 아주 간단합니다. 사회가 자유로워질수록 지배계급이 공포심을 조장하고 선전에 열을 올리기 때문입니다. 내 아이들이 초등학교에 다니던 시절, 선생님들은 "소련이 원자폭탄을 발사할지도 모른다"며 어린 학생들에게 책상 밑에 몸을 숨기는 방법을 가르쳤습니다. 이렇게 우리는 두려움 속에 살아야 했습니다.

미국이 니카라과를 공격한 1985년[8], 당시 레이건 대통령은 "니카라과가 우리 생존을 위협할지도 모른다"며 비상사태를 선포했습니다. 그리고 2년 전에는 EU가 쿠바에 대한 미국의 경제봉쇄 조치를 비난하자, 미국은 "WTO는 국가 안보에 관련된 문제에 간섭할 권한이 없다"라고 선언했습니다.

모두가 두려움에 떨며 삽니다. 범죄자를 두려워하고, 마약 밀매자를 무서워합니다. 심지어 흑인과 외국인까지 무서워합니다. 테러에 대한 미국인의 두려움을 유럽인은 상상조차 할 수 없을 것입니다. 1980년대에 우리는 아랍인의 테러를 염려하며 살았습니다. 테러 희생자가 될지도 모른다는 두려움에 너도나도 유럽 여행을 포기한 까닭에 관광산업이 커다란 타격을 입었습니다. 미국의 어떤 도시보다 유럽이 안전하다고 생각하면서도 비행기 테러를 당할지도 모른다는 생각에 유럽 여행을 포기했던 것입니다.

전쟁에 대비해야 하는 다른 이유는 전쟁의 두려움 때문입니다. 하늘을

---

8 1979년 산디니스타민족해방전선Frente Sandinista de Liberación Nacional, FSLN이 좌익 혁명에 성공하자 미국은 1981년 우익 콘트라contra 반군의 결성을 주도하고 지원했다. 그리고 1980년대에 미국은 줄곧 니카라과 공습을 감행했다 – 옮긴이.

사회가 자유로워질수록 지배계급은
공포심을 조장하고 선전에 열을 올립니다.

수놓으며 폭탄을 떨어뜨리는 비행기들이 공포의 씨를 뿌려댑니다. 따라서 우리를 전쟁에서 지켜줄 사람을 찾아야 합니다. 국민의 손과 발을 묶어둘 또 하나의 핑곗거리가 생긴 셈입니다. 전쟁에 대한 공포심 조장은 자유로운 나라에서 더욱 효과를 발휘합니다.

　정부는 야만적인 무력 사용을 포기할 수밖에 없을 때에도 국민의 정신 통제까지 포기하지는 않습니다. 오히려 더욱 교묘한 방법이 사용됩니다. 다른 나라들에 비해 미국과 영국에서 홍보 산업이 월등히 발달한 이유도 여기에서 찾을 수 있는 겁니다.

— 하지만 선거 때마다 투표율이 급격히 낮아지는 현상은 어떻게 설명하시겠습니까?[9]

— 미국에서 기권표의 증가는 시민들의 결연한 의지 표명으로 해석됩니다. 정치적 선택의 폭이 유럽에 비해 좁은 것도 문제지만, 몇 년 전부터 선거제도 자체에 의혹을 품는 사람들이 늘어나고 있습니다.

　미국 사회는 여론조사의 사회라 해도 과언이 아닐 만큼 조사를 많이 합니다. 국민이 무슨 생각을 하고 있는지 기업계가 알고 싶어 하기 때문입니다. 따라서 여론의 흐름에 대한 방대한 자료를 보유하게 되었습니다. 매년 여론조사 때면 똑같이 묻는 질문 하나가 있습니다. 바로 "당신은 정부가 누구를 위해 일한다고 생각하십니까?"라는 것입니다. 대체로 국민의 절반 정도는 "정부는 국민 전체가 아니라 특정한 일부 집단의 이익을 위해 존재한

9　미국에서 투표 기권은 만연한 현상이다. 예를 들어 1996년 대통령 선거의 투표율은 54.2퍼센트였는데, 이는 1948년 이후로 가장 투표율이 낮은 것이었다. 선거에 대한 무관심은 젊은 층에서 더욱 두드러진다.

다"라고 대답합니다.

레이건 시절에는 국민의 80퍼센트가 그렇게 대답했습니다! 응답자의 80퍼센트 이상이 정부를 복마전^{伏魔殿}이라 생각합니다. "당신은 기업계의 영향력이 지나치게 크다고 생각하십니까?"라는 질문에도 응답자의 80퍼센트가 "그렇다"라고 대답했습니다.

— 결국 선전 효과가 생각만큼 크지 않다는 뜻인가요?

— 선전은 국민에게 국민 스스로는 무력한 존재이고 세상에서 단절된 존재라는 인식을 심어주는 데 그 목적이 있습니다. 실제로 상업광고나 선전을 하는 기업 입장에서는 다음 두 가지가 갖춰져야 이상적인 세계일 것입니다. 첫째는 텔레비전입니다. 텔레비전은 가정마다 다 있고, 다른 사람, 심지어 가족과도 단절시키는 최고의 무기이기 때문입니다. 둘째는 엘리트 계급이 우려하는 '민주주의의 위기'가 없도록 하는 것입니다. 이런 이상적 조건에 접근할 수 있다면 대중은 더 이상 부자와 특권층에게 위협적인 존재가 될 수 없기 때문입니다. 대중은 각자의 삶을 영위하는 데 전념할 것이고, 순간적으로 유행하는 소비재와 같은 피상적인 것에 열중하게 될 것입니다. 모든 단계의 정책 결정에서 '참여자'가 아니라 '구경꾼'에 머물게 될 것입니다. 심지어 노동 현장과 그 이상에 관련된 정책 결정에서도 말입니다.

물론 정기적으로 엘리트 계급의 권력을 재확인하는 권리는 행사하겠지만, 대부분의 시간에는 '책임 있는 사람'이라 자처하는 사람들에게 세상의 운영권을 맡겨야만 하는 실정입니다. 거듭해서 말씀드리지만, 내가 지금까지 지적한 것은 극단적 추론이 결코 아닙니다. 정치계를 주름잡는 엘리트

녹색당이 취할 앞으로의 행보도
궁극적으로는 시민의 감시 여하에 달려 있는 것입니다.

집단에 속한 대부분의 사람이 이렇게 생각하고 있습니다.

— 극우파가 준동할까 봐 우려되십니까?

— 물론입니다. 상당히 위험한 수준에 이르렀습니다. 미국의 경우 극우적 행태가 상당히 다른 형태로 나타나고 있습니다. 즉 기독교 근본주의가 세력을 확대하고 있는 것입니다.

— 기독교 근본주의와 극우를 한 범주에 넣을 수 있을까요?

— 물론 이 둘은 다른 범주에 속하는 것입니다. 하지만 사회적 관점에 볼 때 기독교 근본주의와 극우는 같은 종류의 것이라 말할 수 있습니다. 결국 무력감에 대한 반발, 다시 말해서 우리가 어찌해볼 수 없는 것에 대한 반발이라 해석됩니다. 나라마다 다른 형태를 띠고 있지만 원인은 하나입니다. 파시즘도 이런 좌절감에서 태동된 것입니다. "누구도 우리를 지켜주지 않는다. 유대인, 아프리카인 모두가 우리를 해치려 할 뿐이다…… 그런데도 정부는 우리를 위해 아무것도 해주지 않는다. 우리 가치관이 위협받고 있다……."

우익은 언제나 이런 위기감을 적절히 이용해왔습니다. 미국의 준군사적 민병대도 이런 토양에서 시작되었습니다. 오클라호마시티의 연방 건물을 폭파시킨 티머시 맥베이[10]도 60년 전이었다면 산업별노동조합[11]의 투쟁에

---

10 Timothy McVeigh. 1995년 4월 19일, 168명이 목숨을 잃은 오클라호마시티 연방 건물 폭탄 테러의 범인으로 체포된 그는 걸프전에 참전했으며, KKK단의 옛 일원으로 인종차별주의자이자 반연방주의자였다. 2001년에 사형당했다.

열성적으로 가담했을 사람입니다.

"여러분은 일자리를 잃었습니다. 자식들은 여러분을 존경하지 않습니다. 여러분에게 미래란 없습니다…… 적은 어딘가에 반드시 도사리고 있습니다. 사람들은 그 적이 바로 연방 정부라고 말합니다. 따라서 …… "라고 목청을 높였을 테니까요. 그런데 맥베이가 대기업을 비난하지 않았다는 사실에 주목해야 합니다. 우리를 억압하는 것은 국가라는 것을 끊임없이 주입해왔기 때문입니다. 우리는 그렇게 세뇌당해왔습니다.

— 유럽에서 녹색당 같은 정당들이 탄생하는 현상을 긍정적으로 생각하십니까?

— 긍정적인 현상일 수도 있지만 단순하게 판단할 현상은 아닙니다. 나치당을 한번 생각해보십시오. 그들도 환경보호를 주장했습니다. 나치당도 생태계 보호를 중요하게 생각했습니다. 하지만 그들의 결말은 그다지 좋지 않았습니다.

요컨대 녹색당이 취할 앞으로의 행보도 궁극적으로는 시민의 감시 여하에 달려 있는 것입니다.

— 선생님은 지금도 노동조합이 필요하다고 보십니까?

— 원칙적으로 필요하다고 생각합니다. 노동조합은 민주주의 발전에 결정

---

11 Congress of Industrial Organizations, CIO. 1930년대 초 미국노동총연맹American Federation of Labor, AFL에서 이탈한 노동조합으로 1937년 대파업을 계기로 크게 성장했다. CIO와 AFL로 대표되는 미국의 양대 노동조합은 1955년 미국노동총연맹산업별조합회의AFL-CIO로 합병되어 한때 조합원 1,300만 명을 거느렸다.

적인 역할을 했습니다. 노동조합은 가난한 사람들을 단결시켜 집단으로 행동하게 만들 수 있는 공간입니다. 바로 이 때문에 기업과 언론이 앞장서서 노동조합을 비난하는 것입니다.

— 요즘 미국 노동조합의 상황은 어떻습니까?

— 몇 년 전부터 노동조합은 끊임없는 공격에 시달려왔습니다. 조합원 수가 눈에 띄게 줄어서 임금노동자 전체의 15퍼센트 정도까지 추락한 때도 있었습니다. 하지만 조금씩 안정을 되찾고 있습니다. 틀림없이 재도약하리라 믿습니다.

— 선생님은 사회 계급이란 개념이 여전히 유효하다고 생각하십니까?

— 우리 사회는 줄곧 변해왔습니다. 하지만 사회에 관한 개념은 변하지 않았습니다. 즉 사회구조와 계급 구조는 변했지만 특정 집단의 이해관계, 지배 관계, 사회계층 구조, 의사결정 단계 등은 여전히 존재합니다. 이런 모순이 계급 간의 갈등을 낳는다고 생각합니다.

— 그렇다면 여전히 마르크스주의가 요즘 세상에도 적용 가능하다고 생각하십니까?

— 사람 이름이 붙여진 것은 무조건 의심해봐야 한다는 게 내 생각입니다. 마르크스주의나 프로이트주의처럼 사람 이름이 붙은 학설은 일종의 종교

로 미화되는 경향이 없지 않습니다. 학설이 그 인물을 신격화하기 때문입니다. 따라서 대부분의 사람이 문제의 학설에 접근하는 순간부터 대단한 내용이 있을 것이란 선입견에 사로잡힙니다.

그런데 물리학은 어떻습니까? 아인슈타인이란 이름으로 수식되는 물리학은 없습니다. 달리 말하면 물리학에는 '아인슈타인주의'라는 것이 없습니다. 알베르트 아인슈타인은 우리와 같은 인간입니다. 신이 아닙니다. 그의 생각이 언제나 옳은 것은 아니었습니다. 틀린 경우도 있었습니다.

당신이 한 개인을 신격화한다면, 그것은 조직화된 종교에 입문하는 것과 다를 바가 없습니다. 실제로 마르크스주의도 일종의 종교였습니다. 마르크스를 신으로 떠받들며 숭배하는 종교 말입니다. 1970년대 프랑스에서 있었던 사건처럼 마르크스주의에 변화를 주려 했던 학자들은 신성모독죄를 저지른 듯한 죄책감에 시달려야 했습니다. 마르크스가 19세기 사회를 흥미롭게 분석한 것은 부인할 수 없는 사실입니다. 그 밖에도 보편성을 띤 많은 교훈적 분석을 남겼습니다. 따라서 아직도 유효한 생각은 기꺼이 수용해야겠지만, 필요하다면 부연 설명을 달거나 수정해야 합니다. 또한 정확하지 않고 적용할 수 없는 생각은 과감히 버려야 합니다. 마르크스뿐 아니라 다른 위대한 사상가의 생각도 마찬가지입니다.

— 혁명에 대해서는 어떻게 생각하십니까?

— 기존 생각에 변화가 있을 때 혁명이 일어납니다.

다국적기업의 횡포를 막겠다는 실천적인 의지가 있어야 합니다. 이런 의지를 상실해서는 안 됩니다. 오히려 더욱 키워 나가야 합니다. 19세기의 정신을 되찾겠다는 의지가 있어야 합니다. 19세기 사람들은 달랐습니다. 그 시대 사람들은 노동자가 생산수단을 소유해야 한다고 생각했습니다. 임금노동은 노예제의 다른 형태일 뿐이라 생각했습니다. 달리 말하면 임금노동자는 근본적으로 노예와 다를 바 없다고 생각했습니다. 19세기 중반 미국 공화당도 그렇게 생각했습니다. 그래서 국민에게서 이런 생각을 떨쳐내려고 대대적인 선전 공작이 시작되었던 것입니다.

하지만 이런 생각이 되살아난다면, 즉 국민이 사회와 경제를 다시 민주화시키고 인간을 소중히 여기지 않는 힘에 맞서 싸우기 위해 힘을 결집한다면 어떻게 되겠습니까? 국민운동이 확대되고 권력자들이 폭력으로 억누르려 한다면 어떻게 되겠습니까? 그때 우리 사회는 혁명의 소용돌이에 빠져들 것입니다.

— 선생님을 무정부주의자로 보는 시각이 있는데요…….

— 무정부주의는 한마디로 해석하기 힘든 개념입니다. 하지만 고전 자유주의의 유산, 즉 자본주의에 맞서 자유와 민주주의를 수호하려는 무정부주의가 있습니다. 이런 무정부주의자들은 국민들로 하여금 자유의 열매를 마음껏 향유할 수 있는 조직을 결성하라고 촉구하는 데 초점을 맞춥니다.

아무리 시대가 변해도 무정부주의자들이 절대 포기할 수 없는 기본 원칙이 한 가지 있습니다. 어떤 형태를 띠더라도 지배 구조와 계급 구조는 의혹의 대상으로 보고 정당성을 확인해야 한다는 것입니다. 스스로 정당화될 수 있는 것은 이 세상에 존재하지 않습니다. 부모와 자식, 남자와 여자, 국가와 국가 사이의 관계도 예외가 아닙니다. 노동계도 마찬가지입니다. 모

어떤 형태를 띠더라도
지배 구조와 계급 구조는 의혹의 대상으로 보고
정당성을 확인해야 한다는 것입니다.
스스로 정당화될 수 있는 것은 이 세상에 존재하지 않습니다.

든 형태의 지배 구조를 찾아내서 정당성을 입증하도록 촉구해야 합니다.

물론 누가 보아도 정당성을 지닌 지배 구조가 있습니다. 예컨대 어머니와 자식의 관계는 일방적일 수밖에 없습니다. 하지만 정당성을 입증할 수 없는 지배 구조는 부당한 것입니다. 따라서 그 관계를 전복할 권리가 우리에게는 있습니다. 개인 간 관계부터 국제 관계에 이르기까지 그 차원을 따질 문제가 아닙니다. 내 생각이지만, 이것이 무정부주의 사상의 기본 틀입니다. 이런 기본 틀은 민중투쟁, 즉 계몽주의 시대의 유산입니다.

— 정치체제는 내란을 예방할 수 있어야 한다는 주장을 어떻게 생각하십니까?

— 내란을 예방하는 것이 반드시 바람직하다고 말할 수 있을까요? 만약 1938년에 독일에서 내란이 일어나 히틀러 정권을 전복했다면…….

따라서 내란의 성격을 면밀하게 분석해보아야 합니다. 독재 정권을 무너뜨리기 위한 민중의 전쟁이라면 그런 내란은 좋은 것입니다. 대부분의 독립전쟁과 마찬가지로 미국혁명[12]도 내란이었습니다. 팽팽하게 맞선 양 진영의 다툼이었습니다. 한쪽에 프랑스가 있고 다른 한쪽에 영국이 있었습니다. 그런데도 미국혁명을 바람직하지 않은 내란이라 말할 수 있을까요? 많은 점에서 미국혁명은 바람직한 내란이었지만 인디언과 흑인에게는 끔찍한 비극이었습니다.

따라서 정치체제와 내란의 관계를 일반화시켜서는 안 됩니다. 정치체제

12　1776년에 시작되어 1783년까지 계속된 미국 독립 혁명을 가리킨다.

가 건설적인 방향으로 운영되기도 하지만 때로는 파괴적인 방향으로 운영되기 때문입니다. 요컨대 정치체제와 내란의 관계를 규정해줄 선험적 법칙은 존재하지 않습니다.

— 선생님 말씀대로 요즘 상황이 견디기 힘든 지경이라면, 국민이 혁명을 일으키지 않는 이유가 무엇이라 생각하십니까? 국민이 언론에 세뇌됐기 때문입니까?

— 언론은 거대한 선전 기계의 아주 작은 부분에 불과합니다. 국민 정신을 세뇌시키고 통제하는 거대한 톱니바퀴가 있다면, 언론은 톱니 하나에 불과합니다. 학교, 인텔리겐치아, 그리고 여론에 영향을 미치면서 통제하는 연구기관들이 동원되어 국민을 무지에서 벗어나지 못하도록 만듭니다.

때때로 국민은 세상사를 완벽하게 꿰뚫어보기도 하지만 늘 혁명 세력으로 발전하는 것은 아닙니다. 예컨대 여론조사에서 미국인 대다수는 정부가 국민이 아니라 소수집단의 이익만 대변한다고 대답합니다. 하지만 언론은 그 결과를 되풀이해서 보도하지 않습니다. 대신 '여러분을 위한 정부가 있습니다. 자유로운 정부입니다'라고 귀가 따갑게 보도하지만, 이 보도를 곧이곧대로 믿는 사람은 없습니다. 어디에서나 마찬가집니다.

언론은 민간 기업의 이익을 대변하는 기구일 뿐입니다. 베트남전쟁이 좋은 예입니다. 베트남전쟁은 미국인의 삶에 커다란 영향을 미친 화젯거리였습니다. 좌익계 지식인들이 대거 나서 이 전쟁을 격렬히 비난했습니다. 베트남전쟁에 참전한 것은 실수였습니다. 실수의 대가치고는 너무나 큰 희생을 치른 전쟁입니다. 우리가 지식인에게 바라는 것은 바로 그때의 그런 모습입니다. 지식인이 국민에게 미치는 영향은 실로 대단합니다. 어디에서나 그들의 글을 읽을 수 있고 어디에서나 그들의 목소리를 들을 수 있기 때문입니다.

30년 전부터 베트남전쟁에 대한 여론조사는 꾸준히 계속되었습니다. 몇 달 전에도 있었습니다.[13] 응답자의 70퍼센트가 베트남전쟁을 단순한 실수 정도가 아니라 근본적으로 잘못된 비도덕적인 전쟁이었다고 대답했습니다. 하지만 언론으로 접하는 기사만 갖고는 이런 결론에 도달하기 쉽지 않습니다. 그런데도 국민 대다수는 베트남전쟁의 성격을 정확히 꿰뚫어보았습니다. 따라서 베트남전쟁이 본격적으로 토론 대상이 되었더라면 아마도 응답자의 95퍼센트 이상이 부정적으로 대답했을 것입니다. 요컨대 여론과, 엘리트 계급이 선전을 통해 국민을 세뇌시키려는 목표 사이에는 커다란 괴리가 있습니다. 결론적으로, 대중이 혁명 세력으로 발전하지 못하는 이유는 대중이 현실을 모르기 때문이 아닙니다.

— 다시 같은 질문을 드려야겠습니다. 국민이 혁명 세력으로 발전하지 못하는 이유가 무엇이라 생각하십니까?

— 값비싼 대가를 치러야 한다는 사실을 잘 알고 있기 때문입니다. 만약 당신이 앞장서서 기존 질서를 뒤바꾸려 한다면 그 대가를 호되게 치러야 할 것입니다.

혁명까지 말할 것도 없습니다. 가령 노동조합이 필요하다는 생각에 당

---

13 John Rielly, *American Public Opinion and U. S. Foreign Policy*, University of Chicago, 1999.

행동하는 데는 그 대가를
기꺼이 치르겠다는 각오가 우선되어야 하는 것입니다.

신이 노동조합을 만들었다고 칩시다. 당신 동료들은 그 혜택을 누릴 수 있겠지만, 당신은 절대 그 열매를 즐길 수 없습니다. 오히려 당신은 끊임없이 회유와 협박에 시달려야 할 것입니다. 어쩌면 그 이상일지도 모릅니다. 요컨대 행동하는 데는 그 대가를 기꺼이 치르겠다는 각오가 우선되어야 하는 것입니다.

특권을 누리는 지식인도 다를 바가 없습니다. 반체제운동에 적극 참여하고 있는 지식인이 있다고 합시다. 적어도 법치국가인 우리 사회에서 목숨까지야 잃지 않겠지만 적잖은 고통을 각오해야 할 것입니다. 중상모략과 비난이 빗발칠 것입니다. 이런 상황을 이겨낼 수 없다면 그가 택할 길은 오직 하나뿐입니다. 바로 반체제운동을 포기하는 길입니다. 여론에 민감한 사람은 옴짝달싹 못할 수도 있습니다.

행동하고 싶다면 주변의 소리에 귀를 닫아야 합니다. 주변의 소리를 무시할 수 있어야 합니다. 그것이 자신이 정당하다고 생각하는 것을 자유롭게 행동에 옮길 수 있는 유일한 방법입니다. 나는 어떻냐고요? 괜찮습니다. 특권층이니까요. 하지만 아무런 특권도 누리지 못하는 노동자는 그 대가를 호되게 치러야 합니다.

이런 곤경에 처하지 않을 유일한 길은 조직화되는 것입니다. 예컨대 노동조합으로 조직화된다면 혼자서 감당하기 힘든 희생도 수월하게 넘길 수 있습니다. 그래서 노동조합과 같은 조직을 파괴하려는 음모가 다각도로 펼쳐지는 것입니다. 어쩌면 선전이 아니라 이런 파괴 공작이야말로 국민이 혁명 세력으로 발전하지 못하게 막는 것일 수 있습니다.

— 선생님의 책은 주로 대안적인 출판사에서 출간되었습니다. 이런 출판

사는 대형 출판사만큼의 마케팅 능력을 갖추지 못해 제한된 독자만이 선생님 책을 읽을 수 있습니다.

— 그럴 수도 있습니다. 하지만 내 글은 원하는 사람은 누구나 읽을 수 있고, 또 읽고 있습니다.

— 이미 많은 사람이 선생님을 알고 있기 때문에 그렇게 말씀하시는 것 아닙니까?

— 아닙니다, 반드시 그렇다고 말할 수는 없습니다. 여기 오기 전에 나는 캔자스에서 강연을 했습니다. 1,500석 되는 강연장에 빈자리가 없었습니다. 그 사람들이 다 어디에서 왔는지 모릅니다. 다른 강연회도 마찬가지입니다. 내가 강연하는 곳마다 인파가 몰립니다. 결국 이 세상에서 일어나는 일에 불만을 갖고 다른 목소리를 듣고 싶어 하는 사람들이 거미줄처럼 연결되어 있다는 뜻이 아니겠습니까? 게다가 내 강연회에만 청중이 몰리는 것도 아닙니다. 미국만 해도 나처럼 전국을 돌아다니면서 똑같은 경험을 하는 사람들이 상당히 많습니다. 그들이 가는 곳마다 인파가 구름처럼 몰립니다.

실제로 《뉴욕타임스》는 배달되지 않지만 작은 출판사들이 끈끈한 판매망을 가진 지역에도 청중이 많이 있습니다. 결국 선택의 문제입니다. 적어도 내가 보기엔 잘못된 선택은 아닙니다.

물론 명성과 권위를 추구한다면 작은 출판사에서 책을 내는 것이 좋은 방법이 아닐 수 있습니다. 하지만 대중에게 참여와 행동을 독려하고자 한다면······.

― 하지만 우리가 체제 안에서 체제를 변화시킬 수 있다고 생각하지는 않으십니까?

― 그럴 가능성이 절대 없다고 말하지는 않겠습니다. 예컨대 체제 밖의 대중으로부터도 지지받는다면 체제 안에 있는 사람들은 많은 변화를 이뤄낼 수 있을 것입니다. 내게는 언론계에서 중책을 맡고 있으면서 언론계에 대한 비판을 호의적으로 받아들이는 좋은 친구들이 있습니다. 그들은 우리가 언론에 의혹을 품고 거짓 기사를 고발해주길 바랍니다. 외부의 그런 비판이 그들에게 운신의 폭을 넓혀주기 때문입니다. 달리 말하면 비판 세력과 언론계가 서로에게 자극이 될 수 있습니다. 이런 관계는 정치계만이 아니라 모든 분야에 똑같이 적용됩니다.

― 진정으로 민주 사회로 발전하자면 우리 사회에도 고르바초프와 같은 인물이 필요할까요?

― 그렇습니다. 하지만 러시아는 우리 사회와는 달리 독재 체제였기 때문에 고르바초프의 행동이 더욱 빛났던 것입니다.
　많은 사람이 변화를 열망하고 있습니다. 나는 25년 전부터 동티모르에 대해 꾸준히 연구해왔습니다. 마침내 이 끔찍한 비극에 관련된 젊은 투사들은 우익 의원을 포함해 일부 하원 의원을 설득하는 데에 성공했고, 이로써 의원들도 동티모르 문제에 관심을 갖기 시작했습니다. 의원들은 개인

신분으로 동티모르에서 자행되는 주민 학살과 약탈을 비난했습니다. 그리고 인도네시아에 군대를 파견할 때 한결 엄격해진 조건을 지키도록 하는 법안을 하원에서 통과시켰습니다. 빌 클린턴은 하원의 결정을 교묘히 회피하면서 불법적으로 인도네시아에 군대를 계속 파견했습니다만, 그 법안만 갖고도 인도네시아의 만행을 세상에 알리는 메시지가 될 수 있었습니다.

터키의 경우도 마찬가지였습니다. 인권 단체들과 전투적인 조직들이 하원을 설득해서 터키에 대한 군사원조 조건을 강화하는 법안을 상정하게 만들었습니다. 이때도 클린턴은 터키에 전투폭격기와 탱크를 지속적으로 지원하기 위해 우회적인 방법을 찾아야 했습니다. 터키가 1990년대에 일어난 가장 잔혹한 대학살과 인종 청소를 계속 자행할 수 있도록 말입니다.

교육받은 계급이 어떻게 행동하는지 적나라하게 보여준 예가 아닐 수 없습니다. 그들은 1990년대에 있었던 가장 잔혹한 인종 청소가 NATO 회원국에서 일어나고 있다는 사실을 애써 모른 척했습니다. 오히려 온갖 원조를 아끼지 않으면서 그런 상황을 악화시켰습니다. 이런 비극적 사건들에 대해 침묵을 지키자면 엄청난 인내심이 필요했을 것입니다.

— 그래서 선생님은 대중의 압력을 강조하시는 것입니까?

— 그렇습니다. 25년 전부터 대중의 압력이 하원에 먹혔습니다. 게다가 인권운동도 본격화되었습니다. 1960년대부터 대중의 압력이 하원 깊숙이 파고들면서 명백한 사안에 대한 하원 의원들의 투표 행태를 바꿔놓기 시작했습니다.

— 구체적인 예를 들어주시겠습니까?

— 여성의 권리에 대해 말해볼까요? 지난 30~40년 동안 여성의 권리가 상당히 신장되었습니다. 정치적 공백을 메우려는 의원의 노력으로 이뤄낸 결실이 아닙니다. 주로 좌익 출신인 반체제 집단의 저항 덕분이었습니다. 때로는 예기치 못한 방향에서 시작된 저항도 있었습니다. 예컨대 인권 투쟁을 주도한다는 남성들이 여성을 억압하는 실상에 운동권 내부의 여성들이 불만을 터뜨리기 시작했던 것입니다.

　적어도 부분적으로 여성운동은 이처럼 내부 갈등에서 시작되었습니다. 그렇습니다! 대중이 행동을 결심한다면 어떤 일이라도 해낼 수 있습니다. 이것이 우리가 역사에서 끌어낼 수 있는 중요한 교훈이라 생각합니다.

— 1988년 《여론조작》을 발표한 이후, 여론조작에 대한 선생님의 이론이 정확하다고 입증되었습니까? 아니면 그 후 생각이 바뀌셨습니까?

— 솔직히 나는 '이론'이란 단어를 사용하고 싶지 않습니다. 평범한 생각, 어찌 보면 상식에 불과한 생각에 이론이란 이름까지 붙일 필요가 있겠습니까? 자연과학에 속한 것이 아니라면 이론이란 수식어를 붙일 만한 사상은 거의 없습니다. 사실 너도나도 이론이란 단어를 사용하지만 잘못된 것입니다. 오히려 사고의 틀, 즉 상식에 대한 모델이라 말해야 옳을 것입니다.

　그렇습니다, 내 모델은 완벽하게 입증되었습니다. 한 가지 예만 들겠습니다. 1990년대에 가장 잔혹한 인종 청소가 NATO 회원국에서 일어났습니다. 빌 클린턴과 토니 블레어, 독일 정부가 이 사건에 깊숙이 개입하면서 사태를 더욱 악화시켰습니다. 터키가 쿠르드족 마을을 초토화시키고 잔혹 행위를 저지르며 난민 200만~300만을 길거리로 내쫓을 수 있도록 첨단 무기를 터키에 제공한 장본인들이 오히려 뻔뻔스럽게 불쌍한 난민을 증인으로 내세워 인종 청소를 비난하며 거짓 증거를 내보였습니다. 지식인들이 길들여졌기 때문일까요? 모두가 목소리를 죽였습니다. '잠깐만! 터키에서 자행되는 인종 청소를 반대한다면서 어떻게 터키에 군사원조를 할 수 있단 말입니까?'라고 항의한 지식인은 한 명도 없었습니다. 당신은 이처럼 저항하는 목소리를 들어본 적이 있습니까?[14]

— 바로 선생님이 그렇게 저항하지 않았습니까!

— 나만 목소리를 낸 것은 아닙니다. 하지만 극소수였습니다. 따라서 다수의 대중에게까지 전해지지는 못했습니다. 1999년 4월 워싱턴에서 열린 NATO군 창설 50주년 기념식은 그야말로 끔찍했습니다.[15] NATO 회원국의 국경에서 자행되는 대학살에 절대 무관심해서는 안 된다는 열변들이 쏟아져 나왔습니다. 그 저변에 깔린 뜻이 무엇이겠습니까? 국경 내에서 벌어지는 인종 청소에는 무관심해도 상관없다는 뜻이었습니다. 하지만 모든 평론가가 입을 굳게 다물고 있었습니다. 언론은 물론이고 모든 기관의 순종

---

14 쿠르드족은 전통적 거주지인 '쿠르디스탄Kurdistan(이라크와 터키의 국경 지대)에 독립국가를 건설하려 헸으나 터키는 민족 동화 및 강제 이주 정책으로 일관해왔다. 이에 쿠르드족은 1978년 창건한 쿠르드노동자당PKK를 중심으로 1984년부터 무력 투쟁을 전개해왔다. 특히 1990년대 미국으로부터 헬리콥터와 제트기를 지원받은 터키 정부군에 의해 희생된 쿠르드족은 약 4만 명으로 추산된다 – 옮긴이.

15 쿠르드족 반군 지도자 압둘라 오잘란Abdullah Öcalan(1948~)이 1999년 2월 체포되면서 영국, 프랑스, 독일 등 유럽 국가에 주재하는 그리스와 터키 대사관에 쿠르드족이 난입하여 항의 시위를 벌였다. 1999년 6월 말, 오잘란은 사형선고를 받았고, 쿠르드족의 시위는 계속되었는데, 2013년 쿠르드 반군이 터키에서 철수하면서 30년 만에 정전이 선포되었다 – 옮긴이.

적 자세는 차마 눈뜨고 볼 수 없는 비열한 모습이었습니다!

내 모델을 입증해줄 사례는 헤아릴 수 없이 많지만, 내 모델이 입증되었다는 사실이 안타까울 뿐입니다. 우리가 예측했던 것보다 훨씬 더 비극적입니다.

8 양심은 우리가 가진 것 가운데 유일하게 매수되지 않는 것이다.
― 헨리 필딩(영국의 소설가)

언론과 지식인은 '조작된 여론'의 배달부다

|

워터게이트는 언론과 지식인의 원칙을
적나라하게 보여준 사건입니다. 권력층은 비난하지 않는다!
이것이 그들의 원칙입니다. 가난한 흑인은 암살해도 상관없지만
권력을 움켜쥔 사람을 비난해서는 안 됩니다.

|

— 선생님은 인터넷을 어떻게 생각하십니까? 해방을 위한 도구라 생각하십니까, 아니면 선전 도구라 생각하십니까?

— 둘 다입니다. 뜨거운 논란의 중심에 있는 인터넷은 원래 공공자금으로 개발되었지만 1995년에 민간 기구에 이전되었습니다. 그 후 네티즌들은 인터넷의 자유로운 접근권을 되찾기 위해 노력해왔습니다.

펜타곤과 국립과학재단이 소유했을 당시 인터넷에는 어떤 제약도 없었습니다. 그런데 인터넷이 민간 기구로 이전되자마자 기업들은 대중이 이 유용한 도구에 접근하는 것을 적절하게 통제하기 시작했습니다.

인터넷은 체제 밖의 소식을 확보하기 위해서 무엇과도 바꿀 수 없는 소중한 도구입니다. 가령 당신이 무역협정에 대한 진실한 정보를 원한다면 어디에서 그 정보를 구하겠습니까? 신문이요? 아닙니다! 바로 인터넷입니다. 실제로 인터넷은 MAI를 결렬시키는 투쟁에서 중대한 역할을 해냈습니다. 동티모르 사건을 세상에 알리는 데도 커다란 역할을 했습니다. 뿔뿔이 흩어져 있는 대중의 목소리를 하나로 결집시킬 수 있었던 것은 모두 인터넷 덕분이었습니다. 인도네시아의 수하르토 정권을 전복시킨 민주화 운동 때도 정부 당국의 감시를 피해 인터넷을 활용했습니다. 전통적인 수단만 활용했더라면 결코 성공하지 못했을 투쟁과 시위가 인터넷을 활용하여 성공한 사례는 헤아릴 수 없이 많습니다.

하지만 인터넷은 거대한 시장이기도 합니다. 그래서 대기업에서는 인터넷을 마케팅 수단으로 적극 활용하려 합니다. 인간의 소외를 더욱 강화시키는 수단으로 말입니다. 결국 대중이 이런 음모에 어떻게 대처하느냐에 따라 인터넷의 미래가 달라질 것입니다.

— 선생님은 어디에서 정보를 구하십니까? 신문, 텔레비전, 라디오, 인터넷······.

— 개인적으로, 나는 인터넷을 그다지 사용하지 않습니다. 인터넷이 아니어도 수많은 통로를 통해 정보를 수집하기 때문입니다. 하지만 정확한 정보를 구할 때는 인터넷을 참조합니다.

나는 긴밀하게 연결된 정보망을 갖고 있습니다. 동료 중에 인터넷광이 많습니다. 예를 들어보겠습니다. 라틴아메리카의 예수회 소속 지식인들이 암살당하고 10주년이 되던 날, 언론이 그 소식을 어떻게 다루는지 알아보려고 나는 한 친구에게 전화를 걸었습니다. 인터넷을 정보를 수집하는 도구로 생각하며 많은 시간을 컴퓨터 앞에서 보내는 친구였습니다. 그 친구와 나는 일종의 협조 체제를 갖추고 있습니다. 따라서 어떤 식으로든 나는 인터넷을 활용하고 있는 셈입니다.

물론 신문도 꼼꼼하게 읽습니다.

— 어떤 신문을 보시나요?

— 전국지는 전부 보는 편입니다. 그리고 국제지, 경제지 …….

— 라디오는요?

— BBC 월드 서비스[1]를 하루도 빠짐없이 듣는 편입니다.

— 텔레비전은 보십니까?

— 아니요. 텔레비전은 일단 재미가 없습니다. 게다가 텔레비전에서 무슨 정보를 얻을 수 있겠습니까?

— 하지만 CNN의 위상이 나날이 높아진다고 지적하지 않으셨나요?

— 여행 중에는 CNN을 가끔 봅니다. 그런데 뉴스가 대부분 이동이 잦은 기업인을 위한 것이라는 느낌을 지울 수가 없습니다.

사실 텔레비전의 세계에서는 주목할 만한 변화가 일어나고 있습니다. 그 세계에서 근무하는 친구들이 내가 필요로 하는 정보를 전해주기도 합니다. 예컨대 미국의 3대 텔레비전 방송국 중 하나인 ABC에서 오랫동안 기자로 근무해온 한 친구는 리비아 폭격[2]의 진상에 대해 내게 많은 것을 알려주었습니다. 언론 매체 모두가 한결같이 입을 다문 그 뒷이야기가 무척 흥미로

---

1 영국의 국영방송BBC에서 제공하는 해외 라디오 방송으로, 영어 및 43개 언어로 방송된다 – 옮긴이.

2 1986년 4월 16일, 레이건은 트리폴리 공습 명령을 내렸다. 미군 병사들이 자주 드나들던 서베를린 디스코텍 테러를 리비아가 지원했을 것이란 추측에서 비롯된 보복 공격이었다. 미군 폭격기들은 영국 기지에서 이륙했지만, 프랑스는 그들의 영공 비행을 허락하지 않았다.

웠습니다.

　실제로 리비아 폭격은 텔레비전 시청률이 가장 높은 시간대에 맞춰 역사상 최초로 계획된 폭격이었습니다. 즉 미국의 3대 텔레비전 방송국에서 저녁 뉴스를 시작하는 시간, 즉 동부 시각 기준 정각 19시에 폭격이 계획되어 있었던 것입니다. 시간을 맞추기가 쉽지는 않았을 것입니다. 프랑스가 영공 비행을 허락하지 않았기 때문에 런던을 이륙한 폭격기는 예정된 시각에 트리폴리를 폭격하기 위해 지중해를 지나야 했습니다. 그런데 사전에 교신이 없었다면 텔레비전 방송국이 어떻게 현장에 있을 수 있었겠습니까? 트리폴리에는 지국도 없었는데 말입니다!

　그 친구는 트리폴리에서 내게 전화를 걸어왔습니다. 세 방송국 기자 모두가 현지 시각 새벽 2시가 되기를 기다린다면서요. 누군가 그 시각에 대단한 사건이 벌어질 테니 놀라는 척 해달라는 당부까지 했다는 것입니다. 뉴욕 스튜디오에 있던 기자들도 폭격 소식을 처음 듣는 것처럼 대처해야 했습니다. 모든 것은 이처럼 사전에 계획된 것이었습니다. 처음 20분 동안은 하늘에서 폭탄이 쏟아져내리는 실제 장면이 실감나게 펼쳐졌습니다. 그러고 화면이 워싱턴으로 바뀌었습니다. 이어 40분 동안은 사건에 대한 논평이 줄을 이었습니다. 정확히 한 시간 걸렸습니다. 완벽하게 연출된 선전이었습니다.

　하지만 누구도 이 점을 지적하지 않았습니다. 이것은 국가 폭력에 언론이 얼마나 순응하고 있는지 보여준 단적인 사례입니다. 내 친구는 이와 같은 진실 조작을 못마땅하게 생각했습니다. 그래서 경영진이 원하는 장면을 필름에 담기를 거부했습니다. 그는 병원으로 달려가 폭격 희생자들에 대한 현지 보도를 감행했습니다. 결국 그의 뜻대로 폭격에 희생된 처참한 모습의

1986년 4월 16일, 리비아 폭격은 텔레비전 시청률이
가장 높은 시간대에 맞춰 역사상 최초로 계획된 폭격이었습니다.
즉 미국의 3대 텔레비전 방송국에서 저녁 뉴스를
시작하는 시간, 즉 동부 시각 기준 정각 19시에 폭격이
계획되어 있었던 것입니다.

희생자들이 전국에 방송되었습니다. 하지만 그의 행동은 게임의 법칙을 어긴 것이었습니다. ABC 방송국이 그의 행동을 못마땅하게 여겼다는 후문이 들려왔습니다.

— 민영 텔레비전이 공영 텔레비전보다 현실을 더 왜곡해 보도한다는 말씀입니까?

— 어떤 면에서 미국의 민영 텔레비전은 수준이 매우 높습니다. 다양한 분석을 시도하는 방송국이 적지 않습니다. 예컨대 발칸 반도에서 전쟁이 한창이던 때 나 같은 사람들이 민영 방송국의 프로그램에 출연해서 의견을 피력할 수도 있었습니다.

반면 미국의 공영 텔레비전은 지나칠 정도로 시각이 편협해 보입니다. 구체적으로 그 시각은 미국적 의미에서의 자유주의 이데올로기에 완전히 매몰되어 있습니다. 물론 다른 나라에서는 미국과 사정이 똑같지는 않을 것입니다.

— 프랑스에서 가장 큰 텔레비전 채널인 TF1은 공영 기업인 브이그^{Bouygues} 그룹의 소유인 반면에, 경쟁 채널인 카날 플뤼^{Canal Plus}는 민간 기업인 비방디^{Vivendi} 그룹의 소유입니다…….

— 미국의 텔레비전과 라디오 방송국은 다른 나라의 방송국과 무척 다릅니다.

초창기인 1920년대에 라디오는 거의 세계 전역에서 공영 방송이었습니다. 그런데 미국에서 몇 년 동안 힘겨루기가 계속되었고 그 결과 라디오가 민간 기업으로 이전되기 시작해 1934년쯤에는 거의 모든 라디오 방송국이 민영화되었습니다. 물론 종교 단체, 대학교, 관련 단체가 운영하는 방송국도 있었지만 아주 소규모였습니다. 따라서 텔레비전은 발명되자마자 어떤 논쟁도 거치지 않은 채 곧바로 민간 기업이 차지해버렸습니다.

공영 텔레비전 방송국은 1960년대에야 허용되었습니다. 그 이유가 아주 재밌습니다. 텔레비전 방송국이 완전히 민간 기업에 의해 운영되었던 까닭에, 의회에서는 텔레비전 방송국이 공익 프로그램에 일정 시간을 할애하도록 의무화시켰습니다. 사실 민영 방송국 입장에서는 이런 의무 조항이 거추장스러웠을 것입니다. 따라서 공영 텔레비전 방송국이 개국되자, 민영 방송국들은 '공익 방송은 공영 방송국에 전담시키고, 우리는 광고주에게 팔 수 있는 프로그램을 만들게 해달라!' 하고 소리치며 공영 방송국의 탄생을 적극 환영했습니다.

— 미국 공영 라디오(이하 NPR)와 텔레비전은 유럽이나 캐나다 등 다른 나라의 공영 방송과 운영 방식이 전혀 다르지 않습니까?

— 그렇습니다. 미국에서 공영 방송의 위상은 거의 무시해도 될 정도입니다. 게다가 오늘날에는 상업적인 냄새마저 물씬 풍기고 있습니다. 물론 공영 방송이기 때문에 대놓고 광고를 내보내지는 않지만, 모든 프로그램이 '이 프로그램은 아무개 기업의 협찬입니다'라는 광고 아닌 광고로 시작됩니다.

— 언젠가 선생님은 "유럽 언론계가 미국 언론계보다 더 자유롭다"라고 말

씀하신 적이 있습니다. 유럽 언론계가 외부에서 압력을 덜 받는다는 뜻으로 말씀하신 것이라 생각됩니다만……

— 미국 언론에 비해 유럽 언론이 다양한 모습을 띠고 있는 것은 사실인 듯합니다.

하지만 유럽에서는 언론에 대한 연구가 그다지 활발하지 않기 때문에 단정 지어 말하기는 힘듭니다. 실제로 언론에 대한 대부분의 연구가 미국에서 이뤄지고 있습니다.

네덜란드에서는 한 학생이 에드워드 허먼과 내가 1984년 니카라과와 엘살바도르에서 시행된 국민투표[3]를 미국 언론들이 어떻게 다루고 있는지 비교하려고 《여론조작》에서 개발한 모델을 분석 모델로 삼아 박사논문을 발표한 적이 있습니다.

이 학생이 제기한 주된 문제는 "미국 언론은 니카라과와 엘살바도르의 국민투표 상황을 보도하면서 동일한 기준을 사용했는가, 아니면 정부 당국의 호감을 사려고 기준을 바꿨는가? 달리 말하면 니카라과는 '악'이고 엘살바도르는 '선'이라는 관점에서 보도했는가?"였습니다.[4] 동일한 기준이야말로 언론의 객관성을 평가할 수 있는 방법이 아니겠습니까? 어쨌든 그 학생은 유럽을 대표하는 14개 신문을 분석했습니다. 가장 공정한 신문은 영국

---

3 1984년 니카라과의 산디니스타 정부가 선거를 직접 관리하겠다고 선언했을 때 미 국무부는 '공정한 선거가 이뤄지지 못할 것'이라는 반응을 보였다. 당시 야당이던 니카라과 민주세력Fuerza Democrática Nicaragüense, FDN이 선거 참여를 선언한 후였지만 워싱턴의 요구에 따라 11월 4일의 투표를 보이콧하면서 그 결과에 승복할 수 없다고 발표했다. 한편 엘살바도르에서는 군부와 암살 부대가 1983년에만 6,000명가량의 민간인을 학살했으며, CIA가 기독교민주당의 호세 나폴레온 두아르테 José Napoleón Duarte에게 210만 달러의 선거자금을 지원했다. CIA의 의도대로 두아르테가 1984년 대통령으로 당선되었다.

4 Lex Rietman, *Over objectiviteit, betonrot en de pijlers van de democratie: De Westeuropese pers en het nieuws over Midden-Amerika*, University Nijmegen, 1988. 촘스키는 1991년에 발표한 《민주주의 단념시키기 *Deterring Democracy*》 5장에서 이 논문을 상세히 언급하고 있다.

의 《가디언》인 것으로 분석되었습니다. 우익 신문들이 그 뒤를 이었습니다. 특히 독일 우익 언론의 보도는 상당히 합리적이고 객관적이었습니다. 안타깝게 들리겠지만 가장 편향된 신문은 레이건의 선전에 현혹된 프랑스 좌파 일간지 《리베라시옹》이었습니다.

— 미국의 저널리즘은 세계에서 최고라는 평판이 있는데요…….

— 어떤 면에서는 사실입니다. 읽을 신문을 하나만 고르라고 한다면 나는 단연코 《인터내셔널 해럴드 트리뷴》을 고르겠습니다.

— 워터게이트 사건으로 언론계에도 많은 변화가 있지 않았습니까?

— 워터게이트 사건은 언론과 엘리트 계급이 민주주의에 대해 품고 있던 증오심을 적나라하게 보여준 사례입니다.
　사실 같은 시기에 두 가지 사건이 있었습니다. 하나는 대중에게 널리 알려진 워터게이트 사건입니다. 그런데 이 사건이 그처럼 세상을 떠들썩하게 만들 만한 사건일까요? 물론 가슴 아픈 일이기는 하지만 진부하기 짝이 없는 사건이었습니다. 아직도 그 이유가 밝혀지지 않았지만, 공화당 전국위원회에 매수당한 사람들이 민주당 심장부까지 숨어들어 서류를 훔쳐냈습니다. 그 때문에 리처드 닉슨 대통령이 요주의 인물로 생각한 사람들의 이름을 기록한 블랙리스트가 있다는 사실이 밝혀졌습니다. 내 이름도 그 명단에 있었습니다. 하지만 그 블랙리스트에 오른 인물 가운데 위해를 당한 사람은 하나도 없었습니다. 내가 이렇게 멀쩡히 살아 있지 않습니까! 그저

한바탕 촌극에 불과했습니다.

그런데 이 시기에 또 하나의 사건이 일어났습니다. 언론에는 거론조차 되지 않았지만 법정에서는 뜨거운 공방이 있었습니다. 아이젠하워, 케네디, 존슨, 닉슨 행정부 밑에서 연방 정부와 연방 경찰인 FBI가 합동으로 방첩防諜 프로그램Counter-Intelligence Program(이하 CoIntelPro)이란 이름으로 행한 대공對共 프로그램을 둘러싼 법정 다툼입니다. 이 프로그램은 원래 공산당을 분쇄하기 위한 것이었습니다. 하지만 나중에 여성 조직, 평화주의자 조직, 흑인조직 등 모든 반체제 조직의 감시로 업무가 확대되었습니다.

그들은 정당의 심장부에서 서류를 훔치는 것으로 만족하지 않았습니다. 예컨대 트로츠키당을 표방한 사회주의노동자당(이하 SWP)과 같은 정당을 억압하고 결국 해산시켰습니다. 개별 사안으로 평가하자면, SWP에 대한 공격이 워터게이트 사건보다 훨씬 심각한 사건입니다. 게다가 SWP에 대한 공격은 CoIntelPro가 획책한 공작의 아주 작은 부분에 불과했습니다. SWP가 정치적 영향력이 미미한 정당인 것은 사실입니다. 하지만 SWP도 법적으로는 민주당과 똑같은 권리를 누릴 수 있는 합법적 정당입니다.

게다가 암살까지 저질렀습니다. FBI의 지원을 받은 시카고 경찰이 한 흑인 반체제 인사를 해치웠습니다. 그는 침대에서 죽은 채로 발견되었습니다. 약물중독처럼 보였습니다. FBI는 갱단 두목에게 그 죄를 뒤집어씌우려 했지만 증거 부족으로 성공하지 못했습니다. CoIntelPro는 워터게이트 사건에 비해 훨씬 중대한 사건입니다. 그런데 이 사건에 대해 알고 있는 사람은 거의 없지만 워터게이트는 20세기에 가장 유명한 사건 중 하나가 되었습니다.

— 워터게이트 사건은 그 대상이 권력자들이었기 때문입니다. 사람들은 내가 블랙리스트에 오른 것에는 그다지 관심을 보이지 않았습니다. 하지만 IBM의 최고 경영자, 케네디와 존슨 시절에 국가 안보 책임자를 지낸 사람까지 블랙리스트에 포함되어 있다는 사실이 알려지자 무관심할 수 없었던 것입니다. 그렇습니다. 평소에는 그 누구도 감히 권력자를 비난하거나 공격하지 못합니다. 가령 당신이 권력자들을 비난한다면 그들이 거센 반격을 가하면서 당신을 미치광이로 만들어버릴 것입니다. 결국 닉슨이 비도덕적인 인물로 낙인찍히면서 탄핵까지 받은 것은, 그 이전부터 권력자들의 비위를 건드렸기 때문입니다. 솔직히 말해서 나는 닉슨의 그런 용기에 마음속으로 성원을 보냈습니다.

하지만 CoIntelPro 사건은 진정으로 우려스러운 사건이었습니다. 대통령이 서슴없이 국가경찰을 이용해서 범죄를 저질렀고, 심지어 살인까지 저질렀습니다. 하지만 세상 사람들은 이런 일에 개의치 않습니다. 당시 나는 이 사건을 주제로 《뉴욕 리뷰 오브 북스》에 글을 게재했습니다. 하지만 아무도 내 글에 관심을 보여주지 않았습니다. 그 이후로 십여 차례 이 주제로 글을 썼지만 대중의 관심을 끌어낼 수 없었습니다.

워터게이트는 언론과 지식인의 원칙을 적나라하게 보여준 사건입니다. 권력층은 비난하지 않는다! 이것이 그들의 원칙입니다. 그렇습니다. 가난한 흑인은 암살해도 상관없지만 권력을 움켜쥔 사람을 비난해서는 안 됩니다. 지배 이데올로기에 순종하지 않는 사람들에게 이 말을 꼭 머릿속에 새겨두라고 충고하고 싶습니다. 이 충고보다 현실적인 충고는 달리 없을 것입니다.

　합법적인 정당이더라도 힘없는 군소 정당이라면 당신도 국가경찰을 보내 박살낼 수 있습니다. 하지만 이 나라 권력의 절반을 보유한 정당을 귀찮게 하지는 마십시오! 워터게이트 사건이 우리에게 가르쳐 준 교훈입니다. 미국 언론이 거둔 가장 위대한 공적의 하나로 여겨지지만, 실제로는 가장 부끄러운 실패작 중 하나일 뿐입니다.

── 《여론조작》에서 선생님은 언론의 글쓰기가 전제를 교묘하게 감추고 있다고 말씀했습니다. 따라서 글을 해독해내면 글의 방향이 적나라하게 드러날 것이라 말씀하셨습니다. 또한 언론 보도에는 비밀이 감춰져 있다는 말씀도 하셨는데…….

── 그렇습니다. 아주 중요한 점을 지적했습니다.

　가령 '미국이 남베트남을 보호한 것이 올바른 선택이었는가'라는 주제로 미국이나 유럽에서 토론회가 열린다면, 미국이 남베트남을 보호했다는 전제에서 출발합니다. 하지만 '러시아가 아프가니스탄을 보호한 것이 올바른 선택이었는가'라는 주제로 토론회를 갖는다면 주제 자체가 잘못 선정된 것이라고 항의합니다. 달리 말하면 러시아는 아프가니스탄을 보호한 것이 아니라 공격했다는 것입니다.

　미국도 침략자였습니다. 하지만 문제를 그런 식으로 제기하는 것은 금지되어 있습니다. 남베트남 국민의 뜻을 무시하고 남베트남을 보호한 것이 올바른 선택이었냐는 식의 토론만이 가능할 뿐입니다. 나는 40년 동안 미국 언론의 보도 방향을 유심히 살펴보았습니다. 케네디가 남베트남을 공격했다고 지적한 언론 보도는 단 한 건밖에 없었습니다.

그러나 케네디는 공군을 파견해서 남베트남 마을을 쑥대밭으로 만들었습니다. 수확기를 맞은 논밭을 불바다로 만들었고, 네이팜탄[5]의 사용을 허락했습니다. 게릴라의 공격으로부터 보호한다는 명목 아래 수십만 명의 농부들을 '전략촌'이란 이름으로 미화시킨 강제수용소로 이주시켰습니다. 이런 것을 보호라 말할 수 있습니까? 공격이고 침략이었습니다. 게다가 게릴라가 농부들을 지원한 것은 워싱턴도 잘 알고 있던 사실입니다. 분명히 알아야 할 것이 있습니다. 당시 북베트남은 전쟁에 거의 연루되지 않았습니다. 베트남 국민도 모두 안정된 삶을 누리고 있었습니다. 이 모든 것이 공식 문서에 써 있습니다. 미군의 요청으로 전문가들이 실시한 지역별 상세 조사 보고서에서도 확인할 수 있습니다. 그런데도 전문가들은 미국의 전쟁 목표를 간접적으로 승인했습니다. 하지만 그런 증거들은 중요하지 않습니다. 미국은 남베트남을 '보호'했습니다. 따라서 이 '보호'가 정당했고 합법적이었는지 물을 수 있을 뿐, '공격'이 정당했고 합법적이었는지 물어서는 안 됩니다.

믿기 힘들겠지만 엄연한 사실입니다.

베트남전쟁에 대한 대중 인식에 관한 연구는 거의 없습니다. 하지만 여론조사 결과는 놀랍습니다. 앞에서도 언급했듯이, 30년 전부터 대다수의 국민이 베트남전쟁을 단순한 '실수'가 아니라 '근본적으로 잘못된 비도덕적인 전쟁'이라 생각하고 있습니다. 그런데 이런 결과가 공개 토론회에서는 좀처럼 언급되지 않습니다. 미국인들에게 얼마나 많은 베트남인이 죽었

---

5 3,000도의 고열을 내면서 반지름 30미터 이내를 불바다로 만들고, 사람을 타 죽게 하거나 질식하여 죽게 하는 대량 살상 무기 - 옮긴이.

텔레비전 뉴스 진행자는 그저 프롬프터를 읽는 것일 뿐입니다!
프롬프터에 질문이 나타납니다.
그럼 그는 마치 자기가 직접 생각해낸 것처럼
자연스럽게 출연자에게 질문을 합니다.

을 것이라 생각하냐고 물으면, 대개가 10만 명쯤 죽었을 것이라 대답합니다.[6] 만약 독일인들이 홀로코스트 때 유대인 30만 명가량이 희생되었을 것이라 생각한다면, 모두가 독일에 문제가 있다고 중얼대면서 선전 공작에 대해 문제를 제기할 것입니다. 하지만 미국과 베트남이 화제로 오르면 희생자 수는 아예 관심 대상도 되지 않습니다.

— 텔레비전 뉴스 진행자를 보고 있으면, 우리에게 말하는 것이 아니라 자신의 고용주에게 말하고 있다는 기분을 떨칠 수 없을 때가 있습니다.

— 텔레비전 뉴스 진행자는 그저 프롬프터를 읽는 것일 뿐입니다! 텔레비전 뉴스 진행자는 아침에 일어나면 가장 먼저 미용실로 달려갑니다. 머리카락이 뻗치진 않았는지, 얼굴이 번들대지는 않는지, 넥타이는 똑바로 맸는지, 용모는 단정한지 …… 하여간 그들은 외모에 무척 신경을 씁니다. 그리고 프롬프터가 있습니다. 대개 진행자를 대신해서 생각까지 해주는 젊은 여자가 조작하는 프롬프터 앞에 앉습니다. 프롬프터에 질문이 나타납니다. 그럼 그는 마치 자기가 직접 생각해낸 것처럼 자연스럽게 출연자에게 질문을 합니다.

— 선생님도 프롬프터를 보며 말해본 적이 있을 텐데요?

— 아주 이상한 경험이었습니다. 언젠가 교육 프로그램을 전문으로 다루

---

6 베트남전쟁 동안 사망한 베트남인은 200만~300만 명으로 추정된다.

는 영국 텔레비전 방송에 출연한 적이 있었습니다. 아마 30분짜리 프로그램이었을 것입니다. 그들은 내게 원고를 미리 써달라고 했습니다. 그래야 프롬프터를 이용할 수 있을 것이라면서 말입니다. 상상해보십시오. 어둠에 싸인 스튜디오에 앉아서, 마치 눈앞에 관객이 있는 것처럼 자연스럽게 글을 읽어야 한다고, 한번 상상해보십시오.

당신도 철자법이 틀린 것을 보면 그때마다 웃음을 참기 힘들 것입니다. 하지만 나는 잘 해냈습니다! 방송이 끝난 후 기술자들 몇몇과 잠시 이야기를 나눌 기회가 있었습니다. 그들에게 정치인이나 다른 사람들은 어떻게 하느냐고 물어보았습니다. 기술자 한 명이 레이건이 출연했던 당시를 이야기해주더군요. 레이건은 프롬프터를 무려 열두 개나 사용했다고 합니다. 그래서 청중이 실제로 앞에 앉아 있는 것처럼 시선을 이리저리 옮겨가며 아주 자연스럽게 연설을 했다고 합니다. 하기야 레이건은 배우였습니다. 그다지 어려운 일이 아니었을 것입니다. 하지만 레이건도 누군가 대신 써준 글을 읽은 것일 뿐입니다. 십중팔구 그 내용이 무엇인지 이해하지도 못했을 것입니다.

— 선생님은 왜 그렇게 하셨습니까?

— 예의에서 벗어나고 싶지 않았기 때문입니다. 그래서 그들이 내게 원하는 것을 했을 뿐입니다.

하지만 미국 공영 라디오 방송은 더 심합니다. 정보 관련 프로그램 대부분은 미국적 개념에서의 자유주의 지식인이 진행하고 있는데, 초대 손님도 거의 언제나 같은 계열의 지식인입니다. 하지만 대중의 압력 때문에 반체제 인사들이 가끔 출연하기도 합니다.

예컨대 베트남전쟁 동안 나는 보스턴 지역 방송에 사회자, 전투적 저술가, 반전론자 등의 입장에서 뻔질나게 출연했습니다. 덕분에 얼굴이 꽤나 알려졌습니다. 그 시기에 신문과 출판계와도 상당히 접촉했고, 민영 텔레비전 방송국과도 여러 번 인터뷰했습니다. 매사추세츠 주 케임브리지 시의 WGBH 방송국은 NPR의 지국으로 지적인 전시물이기도 하면서 자랑거리입니다. 나는 이 방송국에도 초대받아 몇 분인가 열변을 쏟아낼 기회가 있었습니다. 마침 인도차이나의 동티모르 전투 지역을 보름 동안 둘러보고 돌아온 직후였기 때문에 내 발언이 정부의 귀에는 무척이나 적대적으로 들렸을 것입니다.

걸프전이 터졌을 때도 NPR은 압력을 견디다 못했는지 결국 내게 입장을 표명할 기회를 주었습니다. 그러면서 나더러 원고를 미리 보내달라고 하더군요. 일종의 사전 검열 같은 것이었겠지요. 게다가 녹화방송이었습니다. 생방송이면 내가 원고 내용대로 말하지 않을 수도 있다고 생각했던 모양입니다.

하지만 그것만이 아니었습니다. 나는 정확히 2분 30초 동안 출연하기로 약속되어 있었습니다. 내가 처음 원고를 읽었을 때는 2분 36초가 걸렸습니다. 좀 더 빨리 읽으면 해결될 문제였습니다. 하지만 그들은 내가 사전에 보내준 원고에다 다른 단어를 덧붙인 게 아닌지 확인하느라 시간을 보냈습니다. 바로 이런 모습이 자유가 보장되었다고 떠들어대는 라디오 방송국의 실상입니다.

― 하지만 선생님 생각을 정해진 틀에 엄격하게 맞춰야 하는 텔레비전 방

송에도 출연하지 않으셨습니까?

— 가장 복잡한 미디어인 텔레비전은 완벽하게 정해진 틀에 따라 움직입니다. 그래서 때로는 텔레비전을 역설적으로 '간결한 것'이라 말하기도 합니다. '간결함'은 원래 광고업계에서 사용하던 용어입니다. 간단하게 말하자면, 세 문장으로 생각을 집약시켜야 합니다. 생각을 통제하기 위한 아주 교묘한 기법입니다.

따라서 텔레비전에 출연해서 당신 생각을 세 문장으로 집약시킬 기회가 생기면 둘 중 하나를 선택해야 합니다. 모두가 고개를 끄덕일 만한 슬로건을 반복하는 것으로 만족할 것이냐, 아니면 당신 생각을 곧이곧대로 말하느냐 하는 것입니다. 물론 후자를 택하면 당신은 미친 사람으로 오해받을 수도 있습니다. 이유는 간단합니다. 당신 주장을 뒷받침해줄 최소한의 증거를 제시할 시간도 허락되지 않기 때문입니다.

가령 테러에 관한 프로그램에 당신이 초대받았다고 해봅시다. 당신은 카다피가 테러리스트라고 주장할 수도 있습니다. 아마 1분이면 충분할 것입니다. 증거를 따로 제시할 필요가 없으니까요. 하지만 '빌 클린턴은 테러리스트다'라고 주장한다면, 사람들은 당신이 그렇게 말한 이유를 알고 싶어 할 것입니다. 생전 처음 듣는 주장일 테니까요. 하지만 텔레비전에서는 당신에게 그 이유를 설명할 시간을 주지 않습니다. 따라서 당신은 미치광이가 될 수밖에 없습니다. 결론은 간단합니다. 정상적인 사람으로 대우받으려면 모두가 알고 있는 말만 떠벌리면 됩니다.

— 현 사회에서 정보의 위상을 어떻게 정의하시겠습니까?

— 정보^{Information}는 적절한 말이 아닙니다. 흔히 정보라 표현되는 것은 대개 '왜곡된 정보'이기 때문입니다.

상당히 복잡한 문제입니다. 언론은 광고에 의존할 수밖에 없기 때문에 제도적으로 근본적 한계를 갖습니다. 따라서 제도적 관점에서 언론은 민간 기업에 시청자를 파는 또 하나의 민간 기업이라 할 수 있습니다. 물론 언론은 이해관계가 밀접히 연결된 국가권력에도 종속되지 않을 수 없습니다. 이런 한계를 지녔음에도 언론이 많은 일을 해내고 있는 것은 사실입니다. 무엇보다 주어진 사명을 충실하게 이행하려고 노력하는 성실한 직업인들이 많기 때문입니다.

예컨대 경제전문지인 《월스트리트저널》은 두 부분으로 나뉘어져 있습니다. '논평' 부분과 '정보' 부분입니다. 특히 '정보' 부분은 세계 최고라고 말할 수 있을 정도입니다. 이 신문은 되도록 현실을 객관적으로 보도하려 애씁니다. 그래야 돈을 주고 신문을 사보는 독자가 있을 것 아닙니까! 따라서 충실한 분석 기사가 많습니다. 때로는 가혹할 정도로 비판적인 기사도 게재됩니다. 논평과 논설은 만화 수준이지만 정보만은 세계 최고라는 평가가 부끄럽지 않습니다.

— 정보 전쟁으로 표현되는 요즘, 언론의 동시성 경쟁에 대해 어떻게 생각하십니까?

— 정보가 곧바로 전달되어도 나쁠 것은 없지만 하루 늦게 전달되더라도 변하는 것은 없습니다.

내 생각에, 현재의 인식에 영향을 미치는 것은
속도가 아닙니다. 깊이의 상실입니다.
피상적 수준에 머물고 있는 커뮤니케이션입니다.

— 커뮤니케이션의 속도 경쟁으로 기억력이 떨어지고 비판 정신이 사라지는 것은 아닐까요? 실제로 그것이 목표라는 소문도 있는데요…….

— 비판정신이 실종되는 것은 커뮤니케이션의 속도 경쟁 때문이 아닙니다. 깊이가 없는 커뮤니케이션 탓입니다. 방금 말했듯이 신문을 한 달 뒤에 보더라도 변하는 것은 없습니다. 오늘이나 한 달 뒤나 똑같은 식으로 이해할 수밖에 없을 테니까요.

— 하지만 뉴스는 항상 변하는 것이 아닐까요…….

— 물론입니다. 하지만 신문은 일주일이나 한 달 뒤에 읽더라도 다른 소식들이 그때 놓친 소식을 보충해주게 마련입니다.

속도는 우리에게 사건의 중심에 서 있다는 환상을 품게 해줍니다. 하지만 다른 각도에서 보면 선전 효과에 100퍼센트 노출된다는 뜻이기도 합니다. 결국 동시성과 즉각성은 사건의 흐름에 우리 몸을 그대로 내맡기게 만듭니다.

내 생각에, 현재의 인식에 영향을 미치는 것은 속도가 아닙니다. 깊이의 상실입니다. 피상적 수준에 머물고 있는 커뮤니케이션입니다. 이 모든 것이 우리 기억을 지워 없애려고 고안된 것입니다.

1999년은 베를린장벽이 붕괴되고 10년째 되는 해이고, 당연히 기념식이 있었습니다. 베를린장벽의 붕괴는 실로 엄청난 반향을 불러일으켰습니다. 하지만 그 반향에 대해서는 상세히 언급되지 않았습니다. 예컨대 이 사건이 제3세계 국가에게 재앙과 다름없었다는 사실을 아는 사람은 거의 없습니다. 제3세계의 반공주의자들까지도 베를린장벽의 붕괴와 소비에트 연방의 해체를 심각하게 받아들였습니다. 서방세계가 제3세계의 이익을 더이상 고려하지 않을 것이고, 따라서 제3세계를 더욱 가혹하게 다룰 것이란 뜻이었기 때문입니다. 결코 단순하게 생각할 문제가 아니었습니다. 세계 인구 과반수의 운명이 걸린 문제였습니다. 하지만 베를린장벽의 붕괴에 대한 토론에서 이런 문제가 다뤄진 적은 없었습니다. 오직 유럽에 미칠 영향만이 다뤄졌을 뿐입니다. 결국 부자 나라와 강대국이 관련되지 않은 문제는 모두의 관심 밖으로 밀려납니다. 그런데 어찌 기억의 상실을 지적하지 않을 수 있겠습니까!

— 직접 신문을 발행할 생각을 품어보신 적은 없습니까?

— 그럴듯한 신문을 발행하려면 필요한 것이 무엇인지 아십니까?

— 인터넷에서만 발행하면 비용이 훨씬 절감될 텐데요……

— 인터넷에서만 발행되는 신문은 이미 여럿 있습니다. 제각기 홈페이지를 갖고 논평하고 분석하고 토론실을 운영합니다. 그중 하나인 Z Net에는 내가 이미 참여하고 있습니다. 엄격하게 말하면 이것은 신문이 아닙니다. 논평을 싣고 토론장이 딸린 현실 분석의 장일 뿐입니다.

인터넷 신문은 그 존재 자체로 가치 있는 것입니다. 하지만 문제는 그 존재를 알리는 것입니다. 인터넷에 접근할 수 있는 포털의 수가 제한되어 있기 때문입니다. 게다가 그 포털들이 민간 기업에 의해 운영된다면 인터넷

4,000킬로미터나 떨어진 곳에 있는 친구와 이야기를 나누거나,
본연의 신분을 감춘 채 다른 사람인 척하면서 대화를 나누는 것이
피와 살을 가진 사람과 얼굴을 마주보며
이야기를 나누는 것보다 심리적으로 안정감을 주기 때문일까요?

신문 사이트를 찾아내기는 무척 어렵습니다. 물론 요즘에는 약간만 노력하면 사이트를 찾아낼 수 있지만, 인터넷이 상품화될수록 인터넷 신문 사이트에 접근하기가 점점 어려워질 것입니다.

　인터넷은 결코 단순한 도구가 아닙니다. 사용자, 특히 젊은이들을 소외시키는 도구로 사용될 수도 있습니다. 거의 사람을 만나지 않으면서 인터넷에 중독되어가는 학생들이 늘어나고 있습니다. 가상공간에서의 추상적인 관계에 만족하면서 다른 사람들과의 직접적인 접촉을 피하는 경향이 급속도로 퍼져가고 있습니다. 4,000킬로미터나 떨어진 곳에 있는 친구와 이야기를 나누거나, 본연의 신분을 감춘 채 다른 사람인 척하면서 대화를 나누는 것이 피와 살을 가진 사람과 얼굴을 마주보며 이야기를 나누는 것보다 심리적으로 안정감을 주기 때문일까요? 이 때문에 청소년들이 자기 방에 틀어박혀 가상공간의 친구들과 추상적인 삶을 살고 있다는 우려가 곳곳에서 표출되고 있습니다.

— 20세기 최고의 언어학자 중 한 분인 선생님께서 지금까지 언론에 언어이론을 적용시키지 않았다는 사실이 놀라울 뿐입니다. 게다가 언어학자와 정치평론가는 서로 어울리지 않는 직업인 듯합니다.

— 정치 현황에 대한 내 지적은 특별한 것이 없습니다. 있는 사실을 그대로 말하는 것일 뿐입니다. 요컨대 언어학에 대한 지식이 없어도 정치 현실에 대한 내 글을 이해하는 데는 전혀 문제가 없습니다. 또한 내가 언론에 대해 지적한 내용도 기본적인 양식만 갖추고 있으면 충분히 이해할 수 있습니다. 특정 정치색을 띠거나 이데올로기를 주장하는 것이 아니기 때문입니다.

어려운 단어만 골라 쓰며 복잡하게 말해야
지식인 대접을 받으면서 특권층처럼 군림할 수 있으니까요.
그런 지식인들이 회의에 초대받고 존경을 받습니다.
하지만 그들의 강연에 알맹이가 있습니까? 바로 이것이 문제입니다.
쉬운 말로도 깊은 내용을 충분히 전달할 수 있다는 사실을
잊어서는 안 됩니다. 아무리 어려운 내용도 쉽게 풀어 설명할 수 있는 겁니다.

물론 전문용어를 사용하고 문장이 난해해서 이론적인 냄새를 풍길지도 모르지만, 그런 것은 허세일 뿐입니다. 누구나 쉽게 이해할 수 있는 글을 쓰는 것이 내 목표입니다. 하지만 지식인들은 정반대로 글을 쓰는 경향이 있습니다. 하기야 대중이 이해하기 힘든 글을 써야 그들에게 이익이 될 겁니다. 어려운 단어만 골라 쓰며 복잡하게 말해야 지식인 대접을 받으면서 특권층처럼 군림할 수 있으니까요. 그런 지식인들이 회의에 초대받고 존경을 받습니다. 하지만 그들의 강연에 알맹이가 있습니까? 바로 이것이 문제입니다. 쉬운 말로도 깊은 내용을 충분히 전달할 수 있다는 사실을 잊어서는 안 됩니다. 아무리 어려운 내용도 쉽게 풀어 설명할 수 있는 겁니다.

— 하지만 선생님의 전공인 언어학 이론을 이해하려면 상당히 전문적인 지식이 필요하지 않습니까?

— 그래서 언어학을 과학이라 말하는 것입니다. 과학적 학문을 이해하려면 상당한 학습이 필요한 법입니다.

— 언어학이 인간 문제에 적용될 수 있다고 생각하십니까?

— 현재로서는 거의 불가능합니다. 인간 문제는 실질적인 것입니다. 반면에 언어학은 이론적인 성격을 띱니다. 따라서 언어학 이론이 삶이란 문제에 적용될 가능성은 거의 없습니다. 우리가 살아가는 삶만큼 복잡하고 무원칙적인 것이 없기 때문입니다.
  다른 과학들에 비해 훨씬 심오한 수준에 이른 물리학의 이론들이 실제의

삶에 적용되기 시작한 것도 비교적 최근의 일입니다. 또한 50년 전만 해도
과학 연구가 의학 기술에 커다란 도움을 주지는 못했습니다.

9 전쟁은 언제나 악인보다는 선량한 사람만을 학살한다.
— 소포클레스(고대 그리스의 시인)

나는 미국이 지난 세월
무슨 짓을 저질렀는지 잘 알고 있다

미국은 변덕스럽고 보복을 잊지 않는 국가로 인식되기를 바랍니다.
그래야 세계 모든 국가가 미국을 두렵게 생각할 테니까요. 지나치게 이성적인
국가로 인식되는 것은 별로 바람직하지 않다는 결론입니다.

— 다른 주제로 넘어가보겠습니다. 선생님은 미국의 외교정책이 방어적이라기보다 공격적이라 말씀하셨습니다. 하지만 소말리아'와 코소보 사태에서 미국은 인권 보호를 앞세웠는데요…….

— 소말리아 사태에서 미국은 독재자를 지원했습니다. 독재 정권이 전복되자 소말리아는 무질서 상태에 빠져들었습니다. 당연히 내전과 기아가 닥쳤습니다. 하지만 미국은 어떤 형태로도 지원을 거부했습니다. 결국 1992년 말 내전이 수그러들고 기아 문제가 해결되면서 상황이 나아졌지만, 인도적 지원은 주로 적십자 활동을 통해 이뤄진 것이었습니다.

당시 미국은 선전 차원에서 개입할 생각을 품었습니다. 그래서 해병대를 파견해서 해병들이 어린아이들에게 샌드위치를 나눠준다면 모두가 미군을 환영할 것이고 미군에 대한 인식도 달라질 것이라 생각했습니다. 실제로 미 해병의 활동은 이런 식으로 보도되었습니다.

완전군장한 미 해병이 적외선 장비까지 갖추고 밤을 틈타 상륙하는 모습이 텔레비전 카메라에 그대로 잡혔습니다. 미 해병이 이 감동적인 상륙 장

---

1   1992년 12월 8일, 미국은 '희망 회복Restore Hope'이라고 명명된 작전을 감행, 3만 명의 해병을 모가디슈에 상륙시켰다. 그들의 임무는 1991년부터 시작된 내전으로 혼돈 상태에 빠진 소말리아를 인도적 차원에서 지원하는 데 필요한 질서를 회복시키는 일이었다. 그 후 미 해병은 1994년에 소말리아 땅에서 전원 철수했으며, UN군은 1995년에 철수했지만 소말리아에 평화를 되찾아주지는 못했다.

면을 선전하려고 상륙 지점을 텔레비전 방송국에 미리 알려줬기 때문에 가능한 일이었습니다. 카메라 불빛이 너무 강렬해서 미 해병은 눈을 뜰 수조차 없었다고 합니다. 카메라맨들에게 라이트를 꺼달라고 애걸하기까지 했다고 하니까요. 우스꽝스럽기 그지없는 일입니다. 언론조차도 그런 촌극에 웃지 않을 수 없었을 것입니다. 모든 것이 선전 효과를 노리고 계획된 일이었습니다.

모든 일이 계획대로 진행되었다면 문제가 없었을 것입니다. 하지만 그들은 곧 어려움에 부딪혔고 주저 없이 총을 쏘아댔습니다. 기아에서 구원된 사람만큼이나 많은 사람이 그들 총에 죽어갔습니다. CIA의 보고에 따르면, 7,000~1만 명의 소말리아 사람이 희생되었습니다.

— 코소보 사태에 대한 미국의 정책을 어떻게 평가하십니까?

— 개입할 경우 상황이 악화될 것을 뻔히 알면서도 미국은 코소보 사태에 개입했습니다. NATO군이 폭격을 시작하기 전까지 코소보에서 탈출한 난민들에게는 커다란 문제가 없었습니다. 게다가 미 국무부, NATO, OECD에서 파견한 감시단, 그 밖의 서방 관측통이 수집한 방대한 자료가 증명해주듯이 내부 사정도 몇 달 동안 주목할 만한 변화가 없었습니다.

그런데도 그들은 폭격을 개시했습니다. 상황이 악화될 것을 뻔히 알면서도 말입니다.

미국의 요구로 OECD 감시단이 철수했습니다. 예상대로 상황은 급속히 악화되었습니다. 폭격이 시작되자마자 NATO군 총사령관은 코소보 주민에 대한 탄압이 재연될까 봐 우려했습니다. 그리고 그 우려는 현실이 되었습니다.

폭격이 개시되기 몇 주 전에 이탈리아의 달레마[2]는 워싱턴을 방문해서, "폭격을 한다면 수백, 아니 수천의 난민이 더 생길 것……"이라고 우려했습니다. 그리고 그의 우려대로 서너 주일 만에 수천의 코소보인이 고향에서 쫓겨나고 학살당했습니다.

죄 없는 그들에게 폭탄을 퍼붓는 당신을 그들이 꽃을 던지며 환영해주겠습니까? 오히려 주먹을 치켜들고 저항할 것입니다. 적어도 그들이 힘을 행사할 수 있는 곳에서는 그렇게 반응할 것입니다. 물론 워싱턴까지 폭격할 만큼의 힘은 없었지만, 그들은 코소보 땅에서만큼은 거세게 저항했습니다.

— 결국 애초부터 '인종 청소'를 종식시킬 생각이 없었다는 뜻입니까?

— 폭격은 오히려 인종 청소를 가속화시켰습니다.

게다가 NATO군 사령관 웨슬리 클라크 장군은 'NATO군은 인종 청소를 종식시킬 의도가 없으며, 폭격은 인종 청소를 중단시키기는커녕 정반대로 작용할 것'이라고 공개적으로 천명했습니다. 사실 코소보 문제는 외교 협상으로 해결될 수도 있었지만 처음부터 의도적으로 외교적 접근을 배제했습니다.

세계 최고의 파렴치한 토니 블레어와 빌 클린턴은 그럴듯한 변명을 늘어놓았습니다. 귀가 따갑도록 되풀이한 그들의 변명 중 하나는 인종 청소를 종식시켜야 한다는 것이었습니다. 하지만 이 주장은 허울일 뿐이었습니다.

---

2 Massimo D'Alema(1949~). 이탈리아 좌익민주당 소속으로 1998년 좌파와 중도 우파의 연립정부에서 수상(1998~2000)을 역임했다.

인종 청소는 결과이지 원인이 아니었습니다. 그리고 NATO에 대한 신뢰를 유지해야 한다는 두 번째 변명은 더 그럴듯했습니다. 해석에 따라서는 사실에 가까워 보이는 주장이기도 했습니다. NATO에 대한 신뢰가 곧 미국에 대한 신뢰니까요.

그런데 신뢰란 무엇일까요? 시칠리아 섬에 가서 마피아 대부에게 신뢰가 무엇이냐고 물어보십시오. 그는 '누군가 명령에 복종하지 않거나 돈을 순순히 내지 않으면 돈 대신에 목숨을 거둬들이는 것'이라고 대답해줄 겁니다. 믿음을 준다는 것은 바로 그런 것입니다. 미국과 영국은 세상 사람이 자신들을 두려워하고, 자신들이 언제라도 폭력을 사용할 수 있다는 것을 깨닫기를 바랍니다.

클린턴 행정부의 전략적 계획에 대해 왈가왈부하는 사람은 좀처럼 없습니다. 하지만 국가 고위층에서 작성되었지만 대중에게 공개된 자료들을 훑어보면 누구든지 클린턴 행정부의 전략이 무엇인지 알 수 있습니다. 모든 자료에서, 국익을 위협받을 때는 미국이 '비이성적이고 반드시 보복하는 국가'라는 이미지를 세계에 심어주라고 권고하고 있습니다. 필요하다면 핵무기를 사용하는 것도 서슴지 말라고 권고합니다. 이런 진실을 세상에 알려야 합니다. 수단과 이라크를 폭격하는 것도 미국의 원칙을 세상에 알리려는 맥락에서 이해하면 됩니다.

다른 변명은 미국과 유럽의 관계에 관련된 것입니다. 그 배경에는 '누가 발칸 반도의 주도권을 쥘 것이냐?' 하는 문제가 있습니다. 미국과 유럽은 발칸 반도의 국가들이 제3세계로 돌아가야 한다는 점에서 생각이 일치합니다. 달리 말하면 값싼 노동력을 제공하는 국가로 남아야 한다는 뜻입니다. 보스니아를 원조하면서 외국자본의 투자를 개방해야 한다는 조건을 내

걸었는데 그것이 바로 증거입니다. 요컨대 발칸 반도의 국가들은 유럽의 멕시코가 되어야 한다는 겁니다.

조만간 세르비아의 산업 기지와 광산이 다국적기업의 소유가 될 것입니다. 경제정책에 절대적 영향을 미치는 금융기관들도 마찬가지일 것입니다. 결국 세르비아 경제 전체가 다국적기업에 종속될 것입니다. 한마디로 발칸 반도는 유고슬라비아가 독자적인 경제개발을 추진하기 이전 단계로 돌아갈 것입니다. 실제로 독립한 후에도 수십 년 동안 식민 지배를 받았던 세계의 다른 지역들과 다를 바가 없을 겁니다. 물론 약간의 차이는 있겠지만 구 소비에트 연방과도 크게 다르지 않을 것입니다.

결국 문제는 '누가 발칸 반도를 지배할 것이냐?' 하는 것입니다. 미국이 주도권을 유럽에게 양보하겠습니까? 천만의 말씀입니다. NATO군이 주도한 전쟁은 모두 미국이 주도권을 잡기 위한 전략의 일환이었습니다.

— 하지만 러시아의 힘을 과소평가하는 것은 아닐까요?

— NATO의 군사작전은 러시아와의 관계에 좋지 않은 영향을 남겼습니다. 하지만 궁극적인 목표를 달성하려다 보니 필연적으로 감수해야 할 부분이었을 것입니다. 나는 NATO의 군사작전에 대한 여러 나라의 반응을 살펴보았습니다. 미국과 유럽에서의 반응과 그 밖의 지역에서 보여준 반응이 놀라울 정도로 달랐습니다.

미국과 유럽은 NATO군의 승전을 자화자찬하기 바빴습니다. 하지만 대부분의 국가에서는 NATO군의 개입을 악몽으로 여겼습니다. 그리고 미국과 유럽이 이성적 판단을 상실한 것 같다고 평가했습니다. 실제로 이처럼 폭력적으로 군사개입하는 걸 보니 마치 역사가 19세기로 되돌아간 듯한 기분이었습니다. 전통적으로 미국과 영국의 맹방인 이스라엘 같은 나라에서도 명망 있는 군사 전문가들은 "양심이라는 가면을 쓰고 있지만, 19세기에 유럽을 휩쓸었던 제국주의로의 회귀다!"라고 평가했습니다.

이제부터라도 세계 모든 국가들이 미국과 유럽의 공격에 대비해야 할 것입니다.

— 그렇게 되면 핵무기가 확산될 위험이 있지 않을까요?

— 만약 세르비아가 NATO군의 폭격을 억제할 힘이 있었다면 어떻게 되었겠습니까? 결코 NATO군은 폭격하지 못했을 것입니다. 논리적으로 생각해보면 누구나 끌어낼 수 있는 결론입니다. 즉 모든 국가는 다른 나라의 공격을 막을 힘을 갖도록 노력해야 합니다. 핵무기를 보유해서라도 말입니다.

몇몇 분석가는 러시아, 중국, 인도가 동맹을 맺어 미국의 군사력에 대항할 것이라는 예측을 내놓고 있습니다. 미국이 코소보 사태에 개입한 직후, 중국의 장쩌민 주석은 타이를 방문해 중국을 중심으로 한 동남아시아의 결속을 촉구했습니다. 미국 언론에서 사실대로 보도하지 못할 정도로 강력한 발언이었습니다. 당시 장쩌민 주석은 "미국이 무력을 앞세운 정책으로 회귀하고 있다. 게다가 미국식 경제를 강요하지만 우리는 이런 위협에 맞서 싸울 것이다. 동남아시아는 중국과 손을 잡아야 한다. 미국의 패권주의에서 벗어나기 위해서라도 중국과 동맹을 맺어야 한다"라고 말했습니다. 그의 발언은 열광적인 환영을 받았습니다. 심지어 타이 기업계마저도 환영했습니다.

유럽 언론은 지나치게 편파적이었습니다. NATO군의 코소보 사태 개입을 지지한 바츨라프 하벨의 발언은 대대적으로 보도했습니다. 유럽에서 무조건적으로 존경받는 인물이 전쟁을 지지한다고 했으니 언론에서 법석을 떨 만도 했습니다. 반면에 알렉산드르 솔제니친이 한 발언은 철저히 무시되었습니다. 하지만 솔제니친이 과연 입을 다물고 있었겠습니까? 십중팔구 그는 NATO가 국제법을 위반했고 무력에 바탕을 둔 새로운 유럽이 건설되고 있으니, 서방세계에서 불쌍한 코소보인을 보호하려고 군사개입한 것이라는 말을 곧이곧대로 믿어서는 안 된다고 외쳤을 겁니다.

게다가 서방세계가 진실로 인권을 소중히 생각한다면 쿠르드족에 대해서도 같은 조치를 취했어야 하지 않을까요?

— 체첸[3]도 해당되지 않을까요?

— 체첸은 다릅니다. 체첸은 핵무기를 보유하고 있어 함부로 대할 수가 없습니다. 하지만 쿠르드족에게 가한 터키의 잔혹 행위에 대해서는 우리 모두가 책임져야 합니다. 우리는 모두 한 목소리로 미국의 간섭을 중단하라고 요구했어야 합니다. 하지만 솔제니친을 제외하고는 터키의 의도와 쿠르드족 학살에 사용된 무기를 터키에 공급한 미국의 의도를 비난한 사람이 거의 없었습니다.

---

3 소련 해체기에 체첸이 러시아로부터 분리 독립을 선포하자, 체첸의 탈러시아를 묵과할 수 없는 러시아가 개입하면서 비롯된 분쟁으로 1996년 평화협정을 체결했으나 1999년 4월 제2차 사태가 일어나 현재까지도 내전을 계속하고 있다 – 옮긴이.

― 군수 업체의 로비가 미국의 대외 정책에 미치는 영향력을 어떻게 평가하십니까?

― 역사가 증명해줍니다. 미국은 걸핏하면 군사적으로 대응하고, 일단 결정을 내리면 신속하게 실천에 옮깁니다.

러시아가 체첸에 가한 억압도 잔혹하기 이를 데 없었지만, 미국이 인도차이나에서 자행한 행위에 비하면 아무것도 아닙니다. 터키에서 쿠르드족에게 가해진 잔혹 행위도 마찬가지였습니다. 무려 200만~300만 명의 난민이 생겼고 3,500개 마을이 파괴되었으며 수십만이 목숨을 잃었습니다. 터키가 중화기를 사용했기 때문입니다. 비행기로 폭격하고 탱크로 밀어붙였습니다. 클린턴이 전폭적으로 지원했기 때문에 터키는 무슨 짓이라도 할 수 있었습니다. 터키가 쿠르드족을 학대하면 할수록 미국은 군사 지원을 점차 확대해갔습니다.

1998년에 있었던 수단 폭격⁴도 마찬가지였습니다. 수단 폭격은 전쟁에 버금가는 범죄입니다. 미국은 아무런 대비책도 없는 나라를 폭격해서, 제약 산업의 절반가량을 파괴했습니다. 게다가 수십여 명이 목숨을 잃었습니다. 누구도 대항할 수 없는 막강한 화력을 제멋대로 사용하는 범죄 국가가 이 세계를 지배하고 있습니다. 하지만 유럽을 포함해서 전 세계의 지식인들은 이 사건에 관심조차 갖지 않았습니다. 심지어 지지 발언도 서슴지 않았습니다. 강대국이 범죄를 저지르면 누구도 항의하지 않습니다. 때때로 불길처럼 타오르는 대중의 여론을 제외한다면 말입니다.

4 미국은 1998년 8월 7일에 일어난 케냐와 탄자니아의 미 대사관 테러 사건의 배후 조종자로 오사마 빈 라덴을 지목하고, 이를 빌미로 1998년 8월 20일 수단과 아프가니스탄에 대규모 미사일 기습 공습을 감행했다 - 옮긴이.

― 그런데 선생님은 최근의 군사개입을 부추긴 주역이 민간인이라고 말씀하지 않았던가요?

― 대답하기 까다로운 질문입니다. 군사작전이 필요할 때도 군사령부는 대체로 주저하고 망설입니다. 나중에 밝혀진 것처럼 앞장서서 베트남에 군사개입을 촉구했던 사람들은 바로 민간인들이었습니다. 해병대 사령관인 데이비드 슈프 장군이 미국의 정책을 격렬히 비난하면서 "달러를 가득 쥔 더러운 손으로 우리는 그들 문제에 간섭하지 않는 편이 낫다"고 말했던 것을 나는 분명히 기억하고 있습니다.

이처럼 때로는 민간인이 군부보다 더 호전적입니다.

― 하지만 미국 경제에서 군수산업이 적잖은 부분을 차지하는 상황에서는 군사개입이 환영받을 일 아닐까요?

― 맞습니다. 전략적 계획이 있습니다. 베를린장벽이 붕괴된 직후에 당연히 전략적 계획의 수정이 뒤따랐습니다. 분석가들에 따르면 러시아는 '군비 과잉' 상태였지만, 남반부의 국가들이 새로운 시장으로 부상될 가능성이 높았습니다. 따라서 미국의 전략은 모든 시스템을 원점에서 다시 생각했습니다. 그 결과로 이제 남반부 국가들은 작은 나라에 맞춰 개조한 소형 핵폭탄을 보유하게 되었습니다.

미국 입장을 정리하면 대략 다음과 같습니다. 핵무기가 미국 외교정책의 주춧돌입니다. 따라서 미국은 핵확산금지조약(이하 NPT)[5]을 거부합니다. 미국은 NPT에 서명한 국가들의 비난을 무릅쓰면서도 선제공격의 기회를 포기하고 싶지 않은 것입니다. 미국은 어떤 국가에 대해서도 선제공격을 할 수 있어야 합니다. 단순히 공격에 대응하는 수단이 아닌, 예방하는 수단이 라는 핑계로 말입니다.

게다가 미국은 변덕스럽고 보복을 잊지 않는 국가로 인식되기를 바랍니 다. 그래야 세계 모든 국가가 미국을 두렵게 생각할 테니까요. 지나치게 이 성적인 국가로 인식되는 것은 별로 바람직하지 않다는 결론입니다. 무엇보 다 다른 나라에 두려움을 주어야 합니다. 따라서 핵무기에 의존해야 합니 다. 미국은 핵무기를 보유하지 않은 나라, NPT에 서명한 나라에도 서슴없 이 핵무기를 사용할 국가입니다.

자유를 소중히 생각하는 나라라면 언론의 자유를 절대적으로 보장해줘 야 합니다. 그래야 국민이 자유를 얼마나 열망하는지 알 수 있을 테니까요. 비밀로 남기는 것이 있어서는 안 됩니다. 모든 문서가 공개되어야 합니다.

---

5 Nuclear Nonproliferation Treaty, 핵보유국의 핵무기 양여를 금지하고 비핵보유국의 핵무기 보유를 금지하는 조약으로 1969 년 채택되어 1970년 발효됐다. 2009년 현재 가맹국은 189개국이다 - 옮긴이.

나는 '세상일을 염려하는
사람일 뿐이다

— 지난 50년 동안 전 세계적으로 불평등이 더욱 심화되었습니다. 그런데도 선생님은 발전적 진보가 가능하다고 믿으십니까?

— 많은 점에서 상황이 개선된 것은 틀림없는 사실입니다. 상징적으로만 개선된 것은 결코 아닙니다. 일일이 열거하기 어려울 만큼 실제 많은 부분이 개선되었습니다. 아주 작은 예지만 MIT[1]를 볼까요? 내가 재직하고 있는 학교이기 때문에 사정을 속속들이 알고 있으니까요. 40년 전만 해도 MIT의 신입생은 거의 백인 남성이었습니다. 그런데 요즘에는 아주 다양한 분포를 보입니다. 약 35퍼센트가 소수민족 출신이고, 35퍼센트는 여성입니다. 옛날과는 완전히 달라졌습니다.

— 그런 변화가 '건설적인 차별$^{positive\ discrimination}$'[2] 원칙과 관계 있다고 생각하십니까?

---

1 미국에서 가장 권위 있는 대학의 하나로, 1865년 개교한 이래 연구와 강의를 연계시키는 것을 교육 이념으로 삼고 있다. 촘스키는 이 대학의 언어·철학과 교수로 재직하고 있다.

— 소수자 우대 정책은 예상 밖의 효과를 거두었습니다. 그만큼 이 정책이 계급 간의 갈등을 해소시켰다는 증거입니다. 소수자 우대 정책 추진으로 그때까지 닫혀 있던 체제가 문을 열었고, 소외되었던 사람들이 체제에 편입될 수 있었습니다. 그동안 불이익을 받은 소수민족과 가난한 사람들, 그리고 그들을 받아들인 기관들에게 많은 혜택이 돌아갔습니다.

— 하지만 대중의 힘으로 이뤄낸 것은 아니잖습니까…….

— 그렇지 않습니다! 여론의 압력이 엄청났기 때문에 법안이 쉽게 통과된 것입니다. 의원마다 자기 공이라고 내세우지만, 그렇다면 왜 20년쯤 전에 그런 법안을 만들지 않았던 것일까요?

인권 문제도 마찬가지입니다. 인권을 보호하는 법안들도 여론의 압력 때문에 통과되었습니다.

다른 부분도 많이 개선되었습니다. 부유한 산업국가 중에서 미국은 국민 건강에 관련된 의료보장제도 수준이 낮습니다. 의료 관련 인프라는 거의 완벽하게 갖추어져 있지만, 대부분의 사람이 그 혜택을 누리지 못하고 있는 실정입니다. 물론 의료보장 체제가 없는 것은 아니지만 최악의 수준입니다. 오늘날에는 그 보잘것없는 보장 체제라도 지키려는 국민들의 의지가 높습니다. 하지만 40년 전에는 그나마 지킬 것도 없었습니다.

집단 기억도 마찬가지입니다. 미국의 역사가 이미 수백 년을 이어오고

---

2 '특별대우' 혹은 '역차별'이라고도 부르는 '소수자 우대 정책Affirmative Action'은 고용과 대학 정원에서 소수민족과 여성에게 일정한 몫을 보장하는 정책이었다. 일부에서는 '차별 시정 계획의 합법성에 의문을 표시해, 캘리포니아는 1996년, 워싱턴은 1998년에 주민 투표를 통해 이 정책의 시행을 거부했다.

있지만, 인디언에게 어떤 비극이 닥쳤고 그들이 어떻게 몰살당했는지에 대해 진지하게 연구된 적이 없었습니다. 1960년대에 이르러서야 비로소 이런 의문들이 제기되기 시작했습니다. 아마 1969년이었을 것입니다.

내 딸아이는 진보적인 색채가 강한 학교에 다녔습니다. 당시에는 초등학생이었습니다. 어느 날엔가 나는 호기심에 딸아이의 역사책을 훑어본 적이 있습니다. 영국이 미국 땅을 지배하던 시대를 공부하고 있더군요. 나는 역사책에서 인디언 학살을 어떻게 기술하고 있는지 보고 싶었습니다. 책에는 1640년에 대학살이 처음 있었던 것으로 기록되어 있었습니다.

영국군은 인디언 전사들이 마을에서 멀어질 때까지 끈기 있게 기다렸고, 그 후 마을을 습격해서 여자와 어린아이 들을 한 명도 남기지 않고 몰살시켰습니다. 그런데도 승전^{勝戰}이라 기록되었더군요. 인디언 여자와 어린아이가 매몰차게 죽었기 때문에 지금 열 살배기 어린아이들이 삶을 즐기고 미국이란 아름다운 나라를 가질 수 있게 된 것처럼 기술되어 있었습니다.

하지만 요즘에는 이렇게 서술된 교과서는 어디에서도 찾아볼 수 없습니다. 이런 변화도 커다란 진전이라 할 수 있습니다.

— 오늘날 선생님이 세상에서 할 수 있는 역할은 무엇이라고 생각하십니까?

— 나는 어떤 역할도 하지 않습니다.

다만 인터뷰를 하고, 대학, 교회, 공공장소, 때로는 노천에서 다양한 주제로 강연을 합니다. 언어학, 정치 현실과 사회현상, 국내 정치와 외교정책, 때로는 언론 조작 등 다양한 주제를 다룹니다. 전투적인 민간 단체에서도 강연을 하고, 그들의 행동에 적극 동참하기도 합니다.

— MIT에서 교수로 있으면서 정치 활동에도 적극적으로 참여하십니다. 대체 시간을 어떻게 할애하십니까?

— 잘 아시겠지만 나는 MIT의 전임 교수입니다. 학생들을 가르치고 연구하는 것만으로도 상당히 바쁩니다. 하지만 전투적인 조직의 요청에 부응할 때도 그만큼의 시간을 투자합니다. 결국 글을 쓰고 대중 앞에서 강연하고 여행하는 데 내 시간의 태반을 보내는 셈입니다. 나는 전투적인 조직의 초청이라면 전국, 전 세계 어디라도 갑니다.

— 선생님을 투사라고 표현해도 괜찮겠습니까? 마음에 드십니까?

— 원래 투사^{militant}라는 단어는 프랑스어입니다. 하지만 나를 세상에서 일어나는 일을 염려하는 사람이라고 봐주면 고맙겠습니다. 지금까지 내가 저항운동에 적극적으로 참여해온 것이 사실입니다. 그렇다고 그것이 내가 투사라는 뜻은 아닙니다. 나는 그저 '관계자'일 뿐입니다.

— 만약 선생님에게 언어학과 정치투쟁 가운데 하나를 선택하라고 한다면 어떻게 하시겠습니까?

— 세상일을 잠시라도 잊고 언어학에만 전념할 수 있다면 더없이 행복할 것입니다. 언어학이 지적 차원에서 훨씬 만족스럽고 창의적인 학문이기 때문입니다 …… 물론 인간의 문제를 생각하는 것도 중요한 일이지만, 진정한 의미에서 지적인 과제는 아닙니다. 정치투쟁은 거짓말을 폭로하고, 그

에 관련된 주역들과 꼭두각시들을 구별하는 데 그 목적이 있습니다. 또한 우리 모두가 관련된 문제를 합리적으로 제기하면서 그 문제를 현실적 차원에서 분석하는 것도 정치투쟁의 한 부분입니다.

내가 오늘 당신에게 말한 것들은 모두가 명백한 사실입니다. 올바른 정보만 주어진다면 고등학생이라도 추론해낼 수 있는 사실들입니다.

하지만 지적인 능력까지 키워주는 것은 아닙니다. 단지 중요한 것일 뿐입니다.

— 후원자가 있습니까? 제자들은 어떻습니까?

— 세계 곳곳에서 나처럼 활동하는 사람을 적지 않게 만날 수 있습니다. 우리는 긴밀히 관계를 맺고 있습니다. 당신과 만나기 전까지 나는 오스트레일리아의 친구들이 보내준 자료를 인터넷에서 읽고 있었습니다. 그들은 태평양 지역과 동남아시아, 즉 오스트레일리아에서 가깝기 때문에 관심을 갖지 않을 수 없는 두 지역에서 일어난 사건들에 대한 분석 기사를 내게 정기적으로 보내줍니다. 즉 동티모르와 인도네시아 문제를 오스트레일리아 언론에서는 이미 오래전부터 다루어왔습니다.

나는 이스라엘에서 일어난 사건에도 상당히 정통한 편입니다. 그곳 친구들이 언론에 실린 기사를 정기적으로 보내주기 때문입니다. 물론 나도 미국 언론에 실린 이스라엘 관련 기사를 그들에게 보내줍니다.

이것은 나처럼 일하는 사람들에게는 아주 효과적인 방법입니다. 어쩌면 유일한 방법일 수도 있습니다. 가령 당신이 정식 기관에서 일한다면 온갖 장비나 수단을 이용할 수 있을 것입니다. 당연히 비서나 조수의 도움을 받

한 사람이 폭력을 일삼는 친위대원이 될 수도 있고
성인군자가 될 수도 있습니다.
모든 것은 결국 환경, 그리고 개인의 선택에 달려 있는 겁니다.

을 수도 있을 것입니다 …… 하지만 그런 경우가 아니라면 당신만의 정보망을 구축해야 합니다. 때로는 이런 정보망이 지적인 차원에서 상당히 효과적일 수 있으며 인간적인 관점에서도 상당히 도움이 됩니다.

— 선생님께서 특별히 존경하는 인물이나 위인이 있습니까?

— 물론입니다. 상당히 많습니다. 내가 존경하는 인물 중 몇몇은 진짜 영웅이지만 대중에게는 거의 알려져 있지 않습니다. 유명한 인물로 버트런드 러셀[3]이 있습니다. 러셀은 내가 지적인 면에서는 물론이고 대중적으로도 존경하는 사람입니다. 러셀과 아인슈타인은 대중에게는 완전히 다른 세계의 사람으로 인식되지만, 두 사람의 생각은 무척이나 비슷했습니다. 그들이 가장 걱정한 것은 핵무기였습니다. 그리고 둘 다 사회주의자였습니다. 그런데 아인슈타인은 우상이 된 반면 러셀은 전혀 그렇지 못했습니다. 왜 이런 차이가 생겨났는지 아십니까? 아인슈타인은 탄원서에 서명한 후에 연구실로 돌아가 물리학에 전념했지만, 러셀은 탄원서에 서명한 것으로 그치지 않고 길거리 시위에 참여했기 때문입니다.

— 현재 살아 있는 인물 중에서 선생님과 가깝다고 생각되는 사람이 있습니까?

---

3 Bertrand Russell(1872~1970). 철학과 수학에서 뛰어난 업적을 남긴 석학으로 20세기 영국을 대표하는 철학자 중 한 사람으로 평가받는다. 제1차 세계대전 중 반전운동으로 투옥되었다. 석방된 후 언론계에 투신하였고, 소련을 여행하여 레닌, 트로츠키Trotsky, 고리키Gor'kii를 만났다. 베이징과 뉴욕 강연에서 반反순응주의를 역설함으로써 당국에 충격을 주었다. 그 후 러셀은 핵 확산을 반대하는 투쟁에 적극 참여했다. 1950년 노벨문학상을 받은 러셀은 전투적인 강연을 계속했으며, 1961년 런던의 화이트홀에서 시위한 죄목으로 두 번째 투옥되었다.

— 이름이 알려지지 않은 사람들, 특히 젊은 투사들에게 애정을 갖고 있습니다. 특별한 인물을 표본으로 지칭하는 것은 옳지 못할 뿐 아니라 기만적인 짓이라 생각합니다. 왜냐하면 내가 알고 있는 사람들 중에서 찾아야 하므로 옳지 못하고, 또 그들이 거의 알려져 있지 않으므로 그들 이름이 특별한 의미를 갖지 못하기 때문입니다. 나처럼 생각하고 행동하는 사람은 무수히 많이 있습니다. 따라서 그중 몇몇의 이름만 언급한다는 것은 옳지 못하다고 생각합니다.

1960년대에 그들은 용기 있게 베트남전쟁을 반대했습니다. 이런 그들이 지금 세계 곳곳에서 활약하고 있습니다. 하지만 그들 대부분은 이름조차 알려지지 않은 사람들입니다.

— 선생님을 이처럼 정력적으로 활동하게 만드는 것은 무엇입니까? 인간에 대한 믿음이라 말해도 괜찮겠습니까?

— 믿음보다는 희망이라 말하는 편이 낫겠습니다. 내가 정확히 모르는 것을 믿을 수야 없지 않겠습니까!

— 그럼 양식良識을 믿으십니까?

— 양식만이 우리가 믿을 수 있는 유일한 것입니다. 인간은 본능적으로 평등과 자유를 추구한다고 믿을 만한 몇 가지 근거가 있습니다. 한 사람이 폭력을 일삼는 친위대원이 될 수도 있고 성인군자가 될 수도 있습니다. 모든 것은 결국 환경, 그리고 개인의 선택에 달려 있는 겁니다.

촘스키 연보

1928년(출생) 언어학자이자 철학자이며 정치적 행동주의자인 에이브럼 노엄 촘스키[Avram Noam Chomsky]는 12월 7일 필라델피아 부근 이스트 오크 레인[East Oak Lane]에서 태어남. 아버지 윌리엄 촘스키[William Chomsky]는 우크라이나에서 태어나 1913년에 미국에 온 이민자이고, 어머니 엘시 시모노프스키[Elsie Simonofsky]는 벨라루스 출신. 부모 다 보수적인 정통 유대교 가문에서 자라남. 어머니는 교사이자 행동주의자로, 당시 미국 문화의 편협한 억압 속에서도 전통적 방식으로 가정을 꾸려 나감. 아버지도 교사였는데, 히브리어 문법을 전공한 히브리어 학자로, 《뉴욕타임스[The New York Times]》 부고난에 "세계 최고의 히브리어 문법가 중 한 사람"으로 소개되었을 정도로 명성을 얻음. 언어학자인 아버지는 노엄에게 평생 큰 선물이 됨. 외가 쪽으로는 사회주의자인 친척이 꽤 있었지만 부모는 루스벨트[Franklin Roosevelt]를 지지한 민주당원으로 중도 좌파였으며 존 듀이[John Dewey]의 교육론을 지지했음.

*   이 연보는 촘스키 공식 웹사이트(www.chomsky.info)와 볼프강 B. 스펄리치Wolfgang B. Sperlich의 《한 권으로 읽는 촘스키Noam Chomsky: Critical Lives》를 참고하여 편집부에서 작성했으며 장영준 교수(중앙대학교 영어영문학과)가 감수했다.

1930년(2세) 상당히 일찍부터 정식 교육을 받기 시작해 템플 대학교^{Temple} University에서 운영하는 듀이식 실험학교인 오크 레인 컨트리 데이 스쿨^{Oak Lane} Country Day School에 입학, 열두 살까지 다님.

1933년(5세) 동생 데이비드^{David} 출생. 1930년대에 촘스키는 대공황의 여파로 드리운 전체주의의 어두운 그림자를 실감하며 자라남. 부모와 부모의 동료가 교육 현장에서 실천하는 모습을 보며 상식으로 세상을 바꿔야 함을 배움. 촘스키는 아나키즘적 정치철학에서 "행동이 이론을 세우는 것보다 훨씬 중요하다"는 교훈을 배움. 촘스키의 이상은 아나키즘적 생디칼리슴에 뿌리를 두는 반면, 정치적 행동주의라는 사상은 상식에서 출발함.

1938년(10세) 에스파냐 내전에서 바르셀로나가 파시스트에 점령당하자 학교 신문에 '파시즘의 확산'을 주제로 사설을 게재함. "오스트리아가 점령당했고 체코슬로바키아가 점령당했으며 이제 바르셀로나도 점령당했다"로 시작함.

1940년(12세) 센트럴 고등학교^{Central High School} 입학. 대학 진학을 최우선 목표로 삼는 경쟁적인 학교에서 위계적이고 엄격한 교육 방식에 다소 곤란을 겪음. 선천적으로 지적 활동을 좋아해 부모에게서 "아들 녀석이 벌써부터 부모를 이기려 한다"는 말을 듣고 자람. 또래 아이들이 슈퍼맨 만화책을 읽을 때, 유대인 공동체에 속한 탓에 시오니즘에 관한 책과 논문을 읽음.

1941년(13세) 중세 히브리어 문법과 역사를 학문적으로 연구한 아버지 덕분에 어린 시절부터 문법이란 개념에 익숙했음. 13세기 히브리어에 대해 아버지가 쓴 원고를 교정 봄. 그러나 문법보다는 정치에 더 관심이 많음. 특히 뉴욕의 외가에 자주 오가면서 이모부 밀턴 클라우스^{Milton Klauss}가 운영하는 신문 가판대에 드나드는 지식인들을 통해 지적 자극을 받음. 훗날 촘스키는 당시 경험을 "10대 초반에 내게 가장 큰 영향을 미친 지적인 문화"였다고 회고함. 이모부는 자유주의 이외에 국내외의 프로파간다에 속고 억압받는 계급과, 그들과 연대하는 것에 대해서도 관심을 가져야 한다고 가르침. 가족의 사교 범위는 좁았지만 이모부에게서 자양분을 공급받을 수 있었음. 한때는 에스파냐의 아나키즘 혁명에 심취했고, 반파시스트 난민들이 주로 운영하는 뉴욕의 중고 서점과 아나키스트들이 이디시어로 발행한 《노동자의 자유 목소리 *Freie Arbeiter Stimme*》 사무실을 들락거림. 이 잡지에 실린 글과, 주류 언론과 서점에 쌓인 책에서 접하는 정보가 극명하게 다른 것에 충격을 받음. 후에 촘스키가 언론 산업에 관심을 갖게 된 결정적인 계기가 됨.

1945년(17세) 펜실베이니아 대학교 *University of Pennsylvania* 입학. 철학, 논리학, 언어학 등 일반 과정을 이수하면서 흥미로운 주제로 보고서를 써냄. 모국어인 영어와 제2 언어로 히브리어를 쓰며 성장한 그는 대학에서 고전 아랍어와 프랑스어, 독일어 기초를 익힘. 그러나 이것이 그를 언어학자로 이끈 것은 아님. 아버지의 학교에서 히브리어를 가르치며 학비를 번 까닭에 겨우 낙제를 면하기도 함. 대학을 중퇴하고 팔레스타인으로 가 키부츠에서 일할 생각을 품음. 이탈리아 출신의 반파시스트 망명자로 훌륭한 인격자이면서 뛰어난 학자인 조르조 레비 델라 비다 *Giorgio Levi Della Vida* 와 조우. 그는 촘스키의 이상과 정치적 행동주의에 적잖이 영향을 미침. 또 정치적 행동주의자이면서 뛰어난 작가인 조지 오웰 *George Orwell* 에 푹 빠짐. 특히 《카탈로니아 찬가 *Homage to Catalonia*》에 깊은 인상을 받음. 드와이트 맥도널드 *Dwight Macdonald* 가 1999년까지 발행한 정치 잡지 《정치 *Politics*》에 가끔 실리는 오웰의 글에 심취함.

1947년(19세) 정치 모임에서 같은 학교의 젤리그 해리스 *Zellig Harris* 교수와 만남. 촘스키가 정치적 행동주의자와 언어학자로서의 길을 걷는 데 결정적인 영향을 준 그는 미국에서 처음으로 언어학과를 펜실베이니아 대학교에 만들었으며 구조주의 언어학과 담화 분석의 창시자임. 게다가 프랑크푸르트학파와 심리 분석에 푹 빠진 비판적 사상가로 정치관마저 촘스키와 매우 흡사했음. 자유분방한 해리스는 촘스키에게 수학과 철학을 공부하라고 권하기도 함. 격식을 벗어난 듀이식 교육을 받은 촘스키는 자유로운 분위기에서 학문적 토론에 심취함. 언어학자이자 《촘스키^{Chomsky}》(1970)의 저자인 존 라이언스^{John Lyons}는 "학생 촘스키는 해리스의 정치적 관점에 매료됐고 그 때문에 언어학과 대학원을 선택했다. 어떤 의미에서는 정치학이 언어학으로 그를 인도한 셈이다"라고 함.

1948년(20세) 학위 논문 주제를 고민하는 촘스키에게 해리스가 '히브리어 연구'를 권함. 해리스가 쓴 《구조주의 언어학의 방법론^{Methods in Structural Linguistics}》(1947)에 완전히 매료되어 언어학에 빠져듦.

1949년(21세) 학사 학위 논문 발표. 이때부터 개인적인 삶과 학자로서의 삶, 정치적 행동주의자로서의 삶을 이어감. 히브리어에 해리스의 방법론을 접목해 〈현대 히브리어의 형태음소론^{Morphophonemics of Modern Hebrew}〉 초고 완성. '생성통사론'의 출현을 예고한 논문이지만 촘스키는 이후로 시행착오를 거듭함. 12월 24일 어린 시절 친구인 캐럴 샤츠^{Carol Schatz}(19세)와 결혼.

1951년(23세) 캐럴이 프랑스어로 학사 학위 받음. 펜실베이니아 대학교에서 학사 학위 논문을 수정하여 언어학으로 석사 학위 받음. 이즈음 촘스키는 철학에 심취해, 굿맨^{Nelson Goodman}, 콰인^{Willard Van Orman Quine} 등과 교류하고, 이 둘을 통해 카르나프^{Rudolf Carnap}, 러셀^{Bertrand Russell}, 프레게^{Gottlob Frege}, 비트겐슈타인^{Ludwig Wittgenstein}을 만남. 과학자이자 수학자이며 논리학자인 러셀은 오웰만큼 촘스키에게 깊은 영감을 불러일으켰으며, 그가 가장 닮고 싶어 한 사람으로 지금까지 그의 사진을 연구실에 걸어둠. 이 밖에도 옥스퍼드 대학^{Oxford University} 철학과의 존 오스틴^{John Austin} 교수에게 큰 영향을 받음. 굿맨의 권유로 유망한 대학원생을 지원하는 장학제도인 하버드 대학교^{Harvard University} 특별연구원^{Society of Fellows}에 지원함. 연구원^{Junior Fellow}으로 선발되어 보스턴으로 이주. 찰스 강 남쪽 올스턴^{Alston}의 커먼웰스^{Commonwealth} 가에 위치한 조그만 아파트를 세 얻음. 같은 연구원인 언어학자 모리스 할레^{Morris Halle}는 촘스키의 언어학을 이해해준 극소수의 동료 중 한 사람으로 남음. 프라하학파 창시자의 일원이자 절친한 사이가 된 로만 야콥슨^{Roman Jakobson}도 만남.

1953년(25세) 캐럴이 하버드 대학교의 여자 단과 대학인 래드클리프 대학^{Radcliffe College}으로 전학함. 하버드 연구원이 누릴 수 있는 가장 큰 혜택인 여행 보조금으로 부부가 첫 해외여행을 떠남. 주목적은 키부츠 체험과 유럽 여행. 영국, 프랑스, 이탈리아를 거쳐 이스라엘로 가, 제2차 세계대전이 유럽에 남긴 상흔을 직접 보고 옴. 음성학을 공부하던 캐럴이 돌연 학업을 중단함. 촘스키는 그간의 연구를 접고 취미로 해온 '생성문법^{generative grammar}'에 집중. 첫 학술논문 〈통사분석 체계^{Systems of Syntactic Analysis}〉를 언어학 저널이 아닌 논리적 실증주의 저널 《기호논리학 저널^{Journal of Symbolic Logic}》에 발표하여 큰 호응을 얻음.

1955년(27세) 유럽 여행 후부터 계속 영원히 키부츠에 정착하는 문제 고민. 가능성 타진을 위해 캐럴이 이스라엘로 떠남. 하버드 특별연구원 장학금을 1955년까지로 연장함. 4월 징집영장 받음. 6주 뒤로 징집을 연기하고 4년간 미뤄온 박사 논문 마무리. 〈변형 분석^{Transformational Analysis}〉으로 박사 학위 취득, 군 복무 면제받음. 이 논문은 1975년 출판되는데, 언어학의 새 지평을 열었다고 평가받음. '변형 분석'은 문장의 언어 층위를 심층 구조와 표층 구조로 설명하는 혁명적인 개념으로, 거의 1,000쪽에 달하는 이 논문에서 그는 이분지$^{binary\ branching}$를 이용한 수형도를 발전시킴. 하버드 대학교 도서관에 마이크로필름으로 보관되자마자 논문은 '지하 고전'이 되었고, 열람이 가능한 소수의 '내부자' 집단이 생겨남. MIT(매사추세츠 공과대학교)에서 강사로 일하기 시작. 처음에는 박사 과정 학생들을 대상으로 필수과목인 프랑스어와 독일어를 가르쳤으나 곧 '언어와 철학' 강좌가 개설되었고 강사를 찾지 못한 이 강좌에 지원함. 철학과 언어학을 결합해 강의하며 엄청난 분량의 원고와 독창적 강의 노트를 축적해갔는데, 이후 엄청난 양의 출판물을 쏟아내는 기반이 됨.

1956년(28세) 모리스 할레, 프레드 루코프$^{Fred\ Lukoff}$와 함께 논문 〈영어 액센트와 절점에 관하여$^{On\ Accent\ and\ Juncture\ in\ English}$〉 발표.

1957년(29세) 2월 공학과 수학, 과학을 전공하는 MIT 학부생들을 대상으로 한 강의 노트를 바탕으로 《통사 구조$^{Syntactic\ Structures}$》 출간. 상업적으로는 성공하지 못했지만 현대 언어학의 고전으로 언어학자의 필독서이자 스테디셀러가 됨. 4월 20일 딸 아비바^{Aviva} 태어남(중앙아메리카의 역사와 정치를 전공하고 아버지의 뒤를 이어 학자가 됨). 선배 교수이자 초기부터 촘스키 이론에 관심을 둔 조지 밀러$^{George\ Miller}$의 초대로 스탠퍼드 대학$^{Stanford\ University}$에서 여름 학기를 보냄. 이듬해까지 콜롬비아 대학$^{Columbia\ University}$ 초빙 교수를 지냄.

1958년(30세) MIT 부교수가 됨.

1959년(31세) 2004년의 한 강연에서 촘스키는 하버드 대학원 시절을 회고하며 "생물언어학적 관점$^{biolinguistic\ perspective}$은 제2차 세계대전 직후 미국에 알려지기 시작한 동물행동학^{ethology}을 비롯해, 생물학과 수학의 발전에 크게 영향을 받은 일부 하버드 대학원생들의 토론에서 이미 반세기 전에 요즘의 형태를 갖추기 시작했다"고 밝힘. 이런 접근법에 영향을 받아 스키너의《언어 행동Verbal Behavior》(1957)을 다룬 평론(〈스키너의《언어 행동》에 대한 고찰Reviews: Verbal behavior〉)을 언어학 학회지《언어Language》에 발표, 언어가 학습되는 행동이라는 이론을 여지없이 무너뜨림. '자극-반응-강화-동기부여'로 이루어지는 행동주의의 이론적 틀이 언어학에서나 일반 과학에서 추론적 의미는 물론 경험적 의미도 갖지 못한다는 점을 증명함으로써 당대 학자인 스키너와 콰인을 정면공격함. 마치 경험주의와 합리주의 논쟁으로도 비친 이런 논쟁을 다른 학자들과 즐겨 했고, 평론가들은 이를 일컬어 '언어학 전쟁linguistics wars' 이라고 부름. 그러나 길버트 하먼Gilbert Harman은 "촘스키의 언어 이론만큼 현대 철학에 영향을 미친 이론은 없다"고 평함. 이듬해까지 프린스턴 대학Princeton University 고등연구소Institute of Advanced Study 회원으로 있음.

1960년(32세) 둘째 딸 다이앤Diane 태어남(현재 니카라과 수도 마나과에 있는 한 원조 기구에서 일함). 1960년대 들어 적극적으로 정치적 견해를 피력하기 시작. MIT 전자공학연구소에 있던 시절 촘스키는 테크놀로지를 경멸했는데 1950년대 말부터 컴퓨터와 컴퓨터 언어학에 컴퓨터를 응용하는 분야를 인정하기 시작했고, 이런 그의 비판적 관심이 오토마타 이론Automata Theory (자동번역이론)에 기여했으며, 결국 자연 언어에 수학적 이론을 접목한 '촘스키 계층 구조Chomsky hierarchy'를 완성하기에 이름.

1961년(33세) MIT 종신교수가 됨.

1964년(36세) 1967년까지 하버드 인지 연구 센터Harvard Cognitive Studies Center 연구원을 지냄.

1965년(37세) 지금도 언어학계에서 가장 훌륭한 저작으로 손꼽히는《통사이론의 제상Aspects of the Theory of Syntax》출간. '표준이론Standard Theory'에 대한 대학원생과

신임 교수들의 허심탄회한 논의를 정리한 책임. 베트남전쟁이 발발하자 정치적 행동주의자가 되기로 결심하고 항의 집회에 적극적으로 참여함. 삶 자체가 불편해지고 가족들에게도 피해가 갈 것이며 더 자주 여행하고 더 많은 사람을 만나야 하고 또 정치에 무관심한 학계의 따돌림도 받겠지만 모든 것을 감수하기로 결심함. 그러면서도 충직한 학자답게 정치관과 언어학 교실을 엄격히 구분함. 렉싱턴 지역으로 이사해 지금까지 살고 있음. 학자들 사이에서 좌파라고 밝히는 것이 유행처럼 번지고 반문화 운동이 확산된 불안한 1960년대에 들어와 민중의 힘이라는 새로운 현상에 주목한 신생 조직들이 생겨남. 각종 정치 행사와 시위에 강연자로 초청받는 일이 잦아짐. 그의 회고에 따르면 "처음 치른 대규모 대중 집회는 1965년 10월 보스턴 커먼 공원에서 열린 행사"임. 이때 베트남전쟁을 찬성하는 반대파에 공격받고 지역 언론으로부터 맹렬하게 비난받음.

1966년(38세) 촘스키는 정치적 행동주의자로서 연설하고 강연한 것, 또 강연하기 위해 조사한 자료에 대해 어마어마한 양의 기록을 자세히 남김. 행동주의 저술가로서 그의 글과 소책자는 어떤 행동주의자의 글보다도 더 많은 독자에게 전해짐. 이해에 행동주의자가 아닌 대중을 상대로 하버드에서 최초로 강연했는데, 마침 힐렐Hillel(세계에서 가장 큰 유대인 대학들의 기관) 집회였고, 이 강연은 이듬해 2월 《뉴욕 리뷰 오브 북스The New York Review of Books》에 〈지식인의 책무Responsibility of Intellectuals〉로 실림. MIT 석좌 교수가 됨. 모리스 할레와 함께 하퍼 앤드 로Harper and Row 출판사에서 '언어 연구 시리즈the Studies in Language Series' 편집. UCLA와 캘리포니아 대학University of California 버클리Berkeley 캠퍼스에서 초빙 교수 지냄.

1967년(39세) 아들 해리Harry 태어남(현재 캘리포니아에서 소프트웨어 개발자로 일함). 징역형을 선고받을 위기에 처함. 아이 셋을 키우며 캐럴이 다시 공부를 시작함.《뉴욕 리뷰 오브 북스》에 실린〈지식인의 책무〉를 통해 "지식인은 정부의 거짓말을 세상에 알려야 하며, 정부의 명분과 동기 이면에 감추어진 의도를 파악하고 비판해야 한다"고 역설. 그가 행동하는 지식인으로 각인되는 계기가 됨. 이 매체는 좌파 학자들에게 거의 유일한 언로였는데, 촘스키는 이때부터 1973년까지 꾸준히 기고함. 10월 처음 투옥되어, 그곳에서 베트남전쟁을 다룬 소설《밤의 군대들 *The Armies of the Night*》로 퓰리처상을 받은 소설가 노먼 메일러 *Norman Mailer* 를 만남. 학생비폭력조정위원회 *Student Nonviolent Coordinating Committee* 의 폴 라우터 *Paul Lauter* 와 의기투합하여 저항조직 레지스트 *RESIST* 를 창설함. 10월 21일 펜타곤 외곽을 행진하던 시위대가 헌병대와 충돌하는 바람에 체포당해 노먼 메일러와 함께 구치소에서 하룻밤을 보냄. 당국이 본보기를 남기기 위해 법무부 건물 앞 계단에서 연설한 그는 제외한 채 '보스턴의 5적'을 발표함. 이 재판을 지켜보며 보수 집단이 무슨 짓을 할지 두려움에 휩싸임. 그래도 캐럴은 아이들을 데리고 나가 반전 집회 행진에 참여하고, 매사추세츠의 콩코드에서 여성과 어린이가 참가한 침묵 시위에도 참여함. 이때 캐럴과 두 딸은 통조림 깡통과 토마토 세례를 받음. 런던 대학교 *University of London* 에서 명예박사 학위를 받음. 시카고 대학 *University of Chicago* 에서 명예 언어학 박사 학위 받음.

1968년(40세)《언어와 정신 *Language and Mind*》출간. 오랜 친구이자 동료인 모리스 할레와 함께한 기념비적인 저작《영어의 음성체계 *The Sound Pattern of English*》출간. 500여 쪽에 달하는 이 책으로 '음운론'을 거의 완벽히 정리해냄. 12월〈콰인의 경험론적 가정 *Quine's Empirical Assumption*〉발표. 캐럴이 하버드 대학교에서 언어학으로 박사 학위를 받음.

1969년(41세) 1월 캐럴이 박사 논문과 같은 주제인 '언어 습득 과정'에 관해 쓴 《언어습득론 *The Acquisition of Syntax in Children from Five to Ten*》을 출간함. 봄에 옥스퍼드 대학의 존 로크 강좌 John Locke Lectures 에서 강연함. 9월, 펜타곤에서 연설한 것과 기고문을 모아 《미국의 힘과 신관료들 *American Power and the New Mandarins*》 출간. 미국의 베트남전 개입을 신랄하게 규탄한 이 책으로 미국 안팎에서 뜨거운 반응을 얻음.

1970년(42세) 4월 그리스도교 연합교회 목사인 딕 페르난데스 Dick Fernandez, 코넬 대학교 Cornell University 경제학과 교수인 더글러스 다우드 Douglas Dowd 와 함께 하노이 방문. 폭격이 잠시 중단된 틈을 타, 폭격의 피해를 입지 않은 하노이 폴리테크닉 대학교 Polytechnic University 에서 강연. 이 강연 여행은 지하운동과 민중운동 쪽에서 큰 화제가 됨. 영화배우이자 반전운동가 제인 폰더 Jane Fonda 가 하노이를 방문했을 때 '반역'이라 비난받자 대국민 사과를 한 것과 비교하면 비교적 알려지지 않은 채 넘어감. 이후로도 논란이 될 만한 해외여행은 하지 않음. CIA(미국중앙정보국) 용병부대의 폭격 탓에 항아리 평원 Plain of Jars 에서 쫓겨난 라오스 난민들을 인터뷰해 《아시아와의 전쟁 *At War With Asia*》 출간. 이 책에서 그는 미국은 베트남전쟁에서 주된 목표를 이루었으며 그 대표적인 예가 FBI가 실행한 반첩보 프로그램인 코인텔프로 COINTELPRO 라고 지적함. MIT 출판사가 창간한 학술지 《언어학 탐구 *Linguistic Inquiry*》의 편집위원회를 맡음. 촘스키 언어학을 알리는 수단에 불과하다는 비판도 있었으나 지금은 가장 권위 있는 언어학 학술지로 자리 잡음. 시카고의 로욜라 대학교 Loyola University 와 스워스모어 칼리지 Swarthmore College 에서 명예박사 학위 받음. 이때부터 1980년대까지 학자로서의 역할에 충실함. 《런던타임스 *The Times of London*》 선정 '20세기를 만든 사람'에 이름을 올림.

1971년(43세) 전해 1월 케임브리지 대학$^{Cambridge\ University}$에서 한 버트런드 러셀 기념 특강을 모아 《촘스키, 러셀을 말하다$^{Problems\ of\ Knowledge\ and\ Freedom}$》 출간. 영국 폰타나^{Fontana} 출판사에서 《아시아와의 전쟁》 출간. 폰타나는 유럽에서 유일하게 《밀실의 남자들$^{The\ Backroom\ Boys}$》(1973), 《국가 이성을 위하여$^{For\ Reasons\ of\ State}$》 (1973), 《중동에서의 평화$^{Peace\ in\ the\ Middle\ East?}$》(1975) 등 촘스키 저작을 연이어 출판하면서 그의 이름을 알리는 데 적잖은 역할을 함. 네덜란드 텔레비전 방송국에서 미셸 푸코$^{Michel\ Foucault}$와 대담. 평소 프랑스의 포스트모던 철학이 '정치 비평'적 색채를 띠어 철학이 정치적 행동주의처럼 여겨진다는 이유로 프랑스 철학을 경멸했던 촘스키는 푸코의 '포스트모던' 비판에 폭넓게 동의함. 철학자이자 과학자인 데카르트에게서 깊이 영향받은 촘스키의 언어학이 '데카르트 언어학'이라고도 불린 것에 비하면 이례적인 일임. 뛰어난 학자를 지원하는 구겐하임 펠로십$^{Guggenheim\ fellowship}$ 수상. 바드 칼리지$^{Bard\ College}$에서 명예박사 학위 받음.

1972년(44세) 캐럴이 하버드 교육대학원에서 교편을 잡고 1997년까지 가르침. 델리 대학$^{Delhi\ University}$에서 명예 학위를 받음. 4월 1일 뉴델리 대학$^{University\ of\ New\ Delhi}$에서 네루^{Nehru} 추모 특강을 함. 5월 《언어와 정신》 개정판 출간.

1973년(45세) 《국가 이성을 위하여$^{For\ Reasons\ of\ State}$》 출간. 베트남전쟁과, 닉슨$^{Richard\ Milhous\ Nixon}$의 부관 헨리 키신저$^{Henry\ Alfred\ Kissinger}$가 비밀리에 캄보디아를 폭격한 사실을 알리기 위해 처음으로 허먼과 함께 《반혁명적 폭력: 대학살의 진상과 프로파간다$^{Counter-Revolutionary\ Violence:\ Bloodbaths\ in\ Fact\ and\ Propaganda}$》를 저술함. 출간을 코앞에 두고 워너커뮤니케이션스$^{Warner\ Communications}$의 간부가 "존경받는 미국인들을 아무 근거 없이 상스럽게 비난한 거짓말로, 명망 있는 출판사에서 낼 만한 책이 아니"라는 이유로 출간 보류함. 개정하고 글을 추가해 사우스 엔드 프레스^{South End Press}에서 1979년《인권의 정치경제학^{*The Political Economy of Human Rights*}》으로 출간함. 매사추세츠 대학교^{University of Massachusetts}에서 명예박사 학위 받음. 닉슨의 '국가의 적^{Enemies List}' 명단에 이름이 올라 있는 것이 밝혀짐.

1974년(46세)《반혁명적 폭력》의 프랑스어판 출간. '프랑스 좌파의 이데올로기적 욕구를 만족시키기 위한 오역이 난무한다'고 자평함.

1975년(47세) 3월《중동에서의 평화》출간. 정치적 행동주의가 담긴 책들은 출간이 어려웠으나 언어학 연구서들은 학계에서 주목받으며 널리 읽힘. 6월 《'인권'과 미국의 대외 정책^{*'Human Rights' and American Foreign Policy*}》출간. 박사 논문을 고쳐 실질적인 첫 저작이라 할《언어 이론의 논리적 구조^{*The Logical Structure of Linguistic Theory*}》출간. 1월에 진행한 캐나다 온타리오의 맥마스터 대학교^{McMaster University} 휘든 특강^{Whidden Lectures}에 시론을 덧붙인 언어학 고전《언어에 대한 고찰^{*Reflections on Language*}》출간.

1976년(48세) MIT에서 인스티튜트 프로페서^{Institute Professor}(독립적인 학문기관으로 대우하는 교수)로 임명됨. 학자로서 최고의 전성기를 맞음. 이해부터 동티모르에 대해 끊임없이 문제를 제기하고 3년 뒤 책으로 엮음.

1977년(49세) 봄,《리바이어던^{*Leviathan*}》과의 인터뷰에서 "미국은 제2차 세계대전 이후 일관된 정책을 유지했는데, 그것은 서남아시아의 에너지 자원을 확실하게 통제하려는 것이다"라고 함. 11월 네덜란드 레이던 대학^{University of Leiden}에서 하위징아^{Huizinga} 추모 특강.

1978년(50세) 이듬해까지 유엔 탈식민지위원회에 출석해 동티모르의 상황을 증언함(후에 출간). 11월 콜롬비아 대학에서 우드브리지^{Woodbridge} 특강.

1979년(51세) 1월 스탠퍼드 대학에서 칸트^{Immanuel Kant} 강의. 주로 언어학, 언어학과 철학을 결합시킨 것, 그리고 정치적 행동주의를 주제로 한 강연을 함.

이 세 주제를 넘나들며 진행한 인터뷰가《언어와 책무: 미추 로나와의 대화 _Language and Responsibility: Based on Interviews with Mitsou Ronat_》로 출간됨. 5월 리스본까지 달려가 동티모르의 위기를 다룬 첫 국제회의에 참석. 1980년대 초에도 리스본에서 동티모르 난민들을 만나고, 이후 오스트레일리아의 지원단체 및 난민들과 가까운 관계를 유지함. 촘스키는 동티모르와 관련된 대부분의 정보를 오스트레일리아 친구들에게서 얻음. 전해 우드브리지 특강을 바탕으로 한《규칙과 표상 _Rules and Representations_》출판. 1980년대에 언어학에서 타의 추종을 불허하는 탁월한 철학자로 우뚝 섬. 정치철학과 현대 프랑스 철학에 휩쓸리지 않으면서 자신만의 언어철학을 완성해감. 언어가 인간 행위에 영향을 미치며 언어 능력이 세상을 변화시키고 더 낫게 만들어나가는 궁극적인 도구라고 본 촘스키는《규칙과 표상》에서 언어는 보편적으로 학습된다는 인지언어학 _conitive linguistics_ 으로부터 생물언어학을 구별 정립함. 1951년에 쓴 석사논문이《히브리어의 형태소론 _Morphophonemics of Modern Hebrew_》으로 출판됨. 〈나치의 쌍둥이: 안보국가와 교회 _The Nazi Parallel: The National Security State and the Churches_〉라는 도발적인 제목의 시론 발표. 라틴아메리카의 교회, 특히 브라질 교회가 저항의 중심이 될 것이라 낙관함. 이 글과 함께《반혁명적 폭력》을 개정, 보완한《인권의 정치경제학》(전 2권)을 에드워드 허먼과 함께 출간. 1권《워싱턴 커넥션과 제3세계 파시즘 _The Washington Connection and Third World Fascism_》(2권은《대격변 이후: 전후 인도차이나와 제국주의적 이데올로기의 부활 _After the Cataclysm: Postwar Indochina and the Reconstruction of Imperial Ideology_》)은 누설된 기밀 문서를 광범위하게 다루는데, 오스트레일리아에서 엄청난 판매고를 올림. 출판이 금지된 데다 책을 보관했던 창고가 원인 모를 화재로 전소되었기 때문. 프랑스 학자 로베르 포리송 _Robert Faurisson_ 이 나치의 유대인 학살과 학살이 자행된 가스실이 존재하지 않았다는 논문을 쓰고 '역사 왜곡죄'로 재판받을 위기에 처하자 '표현의 자유'를 이유로 500여 명의 지식인들과 함께 탄원서를 제출함. 마치 포리송의 주장을 지지하는 듯이 비쳐 프랑스에서는 '나치주의자'로 몰리고, 이듬해까지 이어진 이 사건에서 촘스키는 '정치적 올바름^{political correctness}'의 문제로 논란의 중심에 섬.

1980년(52세) 《뉴욕타임스》에 동티모르에 관한 논설을 기고할 기회를 얻고, 《보스턴글로브^{The Boston Globe}》를 설득해 미국에서는 처음으로 동티모르에 대한 진실을 보도하도록 유도함. 1980년대 레이건 행정부 때는 분쟁 지역마다 쫓아다니며 정치적 견해를 피력함. 서벵골의 비스바-바라티 대학교^{Visva-Bharati University} 명예박사 학위 받음.

1981년(53세) 1970년대에 작업한 '확대 표준 이론^{Extended Standard Theory, EST}', '수정 확대 표준 이론^{Revised Extended Standard Theory, REST}'에 이어, 1980년대 들어 중견 언어학자로 성장한 제자들이 촘스키의 언어학을 수정, 확대함. 그 중심에 서서 혁신적인 변화를 꿈꾸며 《지배와 결속에 대한 강의: 피사 강의^{Lectures on Government and Binding: The Pisa Lectures}》(일명 'GB') 출간.

1982년(54세) 어떤 압력에도 굴하지 않고 계속 용기 있게 글을 써, 이해에만 대외적으로 150편이 넘는 글을 발표함. 해외에서도 즐겨 찾는 연사로 꼽혀 여행이 잦아짐. 대중적 인지도가 높아지면서 사생활을 지키기가 힘들어짐. 학자로서 성공했음에도 정치적 행동주의자로서 여전히 주류 세계에 편입하지 않고 많은 시민운동을 조직하며 활동함. 주류 학계와 정계에서는 그와 일정한 거리를 두려고 발버둥침. 동티모르에 대한 기본적인 내용을 담은 《새로운 냉전을 향하여^{Towards a New Cold War}》 출간. 시러큐스 대학^{Syracuse University} 초빙 교수 지냄. 《근본적인 우선순위^{Radical Priorities}》 출간.

1983년(55세) 이스라엘과 서남아시아에 대한 그의 견해를 집약한 《숙명의 트라이앵글*The Fateful Triangle*》출간. 이 책에서 주류 언론에서 보도하지 않은 미국의 범죄를 낱낱이 나열함.

1984년(56세) 미국 심리학회로부터 '특별 과학 공로상*distinguished scientific contribution*' 수상. 11월 인도의 두 젊은이(라마이아*L. S. Ramaiah*와 찬드라*T. V. Prafulla Chandra*)가 촘스키의 출판물 목록을 최초로 정리해 출판함(《노엄 촘스키: 전기*Noam Chomsky: a Bibliography*》). 직접 쓴 것이 180종이 넘고, 그를 다룬 출판물의 수는 그 두 배에 달함. 펜실베이니아 대학교에서 명예박사 학위 받음.

1985년(57세) 《흐름 바꾸기: 미국의 중앙아메리카 개입과 평화를 위한 투쟁*Turning the Tide: U. S. Intervention in Central America and the Struggle for Peace*》출간.

1986년(58세) 《언어 지식: 그 본질, 근원 및 사용*Knowledge of Language: Its Nature, Origin, and Use*》출간. 3월 니카라과 마나과를 방문해 1주간 강연함. 강연 도중 미국이 니카라과를 비롯해 중남미에서 저지른 만행을 고발하며 미국 시민이란 것에 수치심을 느껴 눈물을 흘림. 언어학 분야에서는 '원리와 매개변인*principle*'에 대한 탐구 등 GB 이론을 더 정교하게 다듬은 《장벽*Barriers*》(1986)을 '언어학 탐구 모노그래프' 시리즈의 13권으로 발표. 얄팍한데도 지나치게 전문적이어서 대학원생은 물론 언어학자까지 당혹스러워했지만, 언어학의 발전 방향을 제시함. 《해적과 제왕: 국제 테러리즘의 역사와 실체*Pirates and Emperors: International Terrorism in the Real World*》출간.

1987년(59세) 니카라과 마나과 강연을 모아 《권력과 이데올로기: 마나과 강연*On Power and Ideology: The Managua Lectures*》출간. 아침에 한 강연만 따로 모은 《지식의 문제와 언어: 마나과 강연*Language and Problems of Knowledge: The Managua Lectures*》도 출간. 이 책으로 '평이한 언어로 정직하고 명료하게 뛰어난 글을 쓴 공로*Distinguished Contributions to Honesty and Clarity in Public Language*'를 인정받아 미국 영어교사 위원회*National Council of Teachers* of English가 주는 오웰상Orwell Award을 받음. 사우스 엔드 프레스의 공동 설립자인 마이클 앨버트Michael Albert와 리디아 사전트Lydia Sargent가 《Z 매거진Z Magazine》 창간. 촘스키를 필두로 진보적 지식인들의 글 게재, 이후 인터넷에서 정치적 행동주의자들의 언로 역할을 함.

1988년(60세) 에드워드 허먼과 함께 《여론조작: 매스미디어의 정치경제학Manufacturing Consent: The Political Economy of the Mass Media》 출간. '여론조작'은 칼럼니스트 월터 리프먼Walter Lippmann에게서 차용한 개념. 이 책으로 또 한 번 미국 영어교사 위원회로부터 오웰상 받음(1989년). 시론 〈중앙아메리카: 다음 단계Central America: The Next Phase〉에서 니카라과를 비롯한 중앙아메리카에 대한 미국의 공격을 '국가 테러'라고 고발함. 파시스트와 민주 세력 사이에서 교회가 선한 역할을 맡을 것이라 낙관하면서도 늘 기독교 근본주의를 호되게 비판함. '기초과학 교토상Kyoto Prize in Basic Sciences' 수상. 《테러리즘의 문화The Culture of Terrorism》 출간. 7월 이스라엘이 점령한 팔레스타인 지역 방문. 예루살렘 근처 칼란디야 난민촌Kalandia refugee camp에 잠입했다가 이스라엘군에게 쫓겨남.

1989년(61세) 《여론조작》에 이어 미국, 미국과 비슷한 민주 국가들을 신랄하게 비판한 《환상을 만드는 언론Necessary Illusions: Thought Control in Democratic Societies》 출간.

1991년(63세) 《민주주의 단념시키기Deterring Democracy》 출간.

1992년(64세) 《미국이 진정으로 원하는 것What Uncle Sam Really Wants》 출간. 캐나다의 언론인 마크 아크바르Mark Achbar와 피터 윈토닉Peter Wintonick이 《여론조작》을 기초로 만든 다큐멘터리 〈여론 조작: 노엄 촘스키와 미디어Manufacturing Consent: Noam Chomsky and the Media〉가 11월 오스트레일리아에서 처음 상영됨. 아크바르는 이 작품으로 20대 초반 젊은 영화인들에게 주는 '더 듀크 오브 에든버러 인터내셔널 어워드The Duke of Edinburgh's International Award'를 수상했고, 이 작품은 2003년 차

기작이 나오기 전까지 캐나다 역사상 가장 성공한 다큐멘터리로 기록됨.

1993년(65세) 《부유한 소수와 불안한 다수 *The Prosperous Few and the Restless Many*》(데이비드 바사미언 *David Barsamian* 인터뷰) 출간. 허울 좋은 명분 아래 풍부한 자원과 잠재력을 지닌 중남미 대륙과 아프리카, 아시아를 미국이 정치·경제적으로 어떻게 식민지화했는지 밝히고 "도덕은 총구로부터 나온다"는 미국의 오만한 역사의식을 신랄하게 비판한 《507년, 정복은 계속된다 *Year 501: The Conquest Continues*》 출간.

1994년(66세) 《비밀, 거짓말 그리고 민주주의 *Secrets, Lies and Democracy*》 출간. 1991년 11월 말레이시아계 뉴질랜드 학생이자 오스트레일리아 구호단체 소속 카말 바마드하즈 *Kamal Bamadhaj*가 동티모르에서 인도네시아 헌병대 총에 등을 맞는 치명상을 입고 결국 사망함. 그의 어머니 헬렌 토드 *Helen Todd* 기자가 범인을 법정에 세우고자 투쟁을 벌인 4년간 그녀와 계속 연락을 주고받으며 격려함. 연루된 장군 중 한 명이 하버드 대학교에 다닌다는 사실이 밝혀지자 보스턴의 행동주의자들이 하버드 대학 당국에 항의 시위하여 결국 토드가 승소함.

1995년(67세) 동티모르 구호협회 *ETRA*와 저항을 위한 동티모르 국가 평의회 *CNRM*의 초청으로 9일간 오스트레일리아 방문. 수도 캔버라에서 난민들을 대상으로 강연하고 멜버른과 시드니에서 대규모 집회를 조직함. 생물언어학을 치밀하게 실행에 옮기고자 규칙을 최소화함으로써 강력한 설명력을 띤 소수의 원리 체계로 언어 메커니즘을 분석한 《최소주의 프로그램 *The Minimalist Program*》 출간. 이 '최소주의 프로그램'에 모든 인간이 생득적으로 갖고 있는 모든 언어에 내재한 '보편문법 *Universal Grammer, UG*'을 적용해 언어학을 발전시킴.

1996년(68세) 캐럴 은퇴, 촘스키의 실질적인 매니저로 활동. 전해 오스트레일리아에서 연 강연들을 모아《권력과 전망*Powers and Prospects*》펴냄.

1997년(69세)《미디어 컨트롤: 프로파간다의 화려한 성취*Media Control: The Spectacular Achievements of Propaganda*》출간(〈화성에서 온 언론인*The Journalist from Mars*〉을 추가해 2002년 개정판 출간).

1998년(70세)《공공선을 위하여*The Common Good*》(데이비드 바사미언 인터뷰) 출간.

1999년(71세)《숙명의 트라이앵글》개정판 출간. 에드워드 사이드*Edward Said*는 서문에서 "인간의 고통과 불의에 끊임없이 맞서는 숭고한 이상을 지닌 사람에게는 무언가 감동적인 것이 있다"며 촘스키의 '숭고한 이상'을 피력함.《그들에게 국민은 없다: 촘스키의 신자유주의 비판*Profit over People: Neoliberalism and Global Order*》출간. 그의 장기적 연구가 컴퓨터와 인지과학*Computer and Cognitive Science* 분야의 성장에 기여했다는 이유로 벤저민프랭클린 메달*Benjamin Franklin Medal* 수상. 헬름홀츠 메달*Helmholtz Medal* 수상.

2000년(72세)《신세대는 선을 긋는다: 코소보, 동티모르와 서구의 기준*A New Generation Draws the Line: Kosovo, East Timor and the Standards of the West*》출간.《언어와 정신 연구의 새 지평*New Horizons in the Study of Language and Mind*》출간.《불량 국가*Rogue States: The Rule of Force in World Affairs*》출간. 이 책에서 서방 강국, 그중에서도 미국이 어떻게 각종 국제적 규범에서 면제되는 것처럼 행동해왔는지, 또한 이런 경향이 냉전 종식 이후 어떻게 더 강화돼왔는지를 면밀히 밝힘. 또 라틴아메리카, 쿠바, 동아시아 등지에서 미국이 저지른 만행과 치명적인 결과를 구체적인 자료와 실증을 통해 적나라하게 보여줌. 여기서 미국이 테러의 표적이 된 이유를 차근차근 설명하는데, 미국은 이라크, 북한, 쿠바 등을 '불량 국가'로 분류하지만 오히려 국제 질서 위에 군림하면서 국제 규범을 무시하는 미국이야말로 국제사회의 '불량 국가'라고 규정함.《실패한 교육과 거짓말*Chomsky on Mis-education*》

(2004년 개정판), 1996년의 델리 강연을 엮은 《언어의 구조 *The Architecture of Language*》 출간.

2001년(73세) 5월 경제적 이익을 위해 폭력을 무수히 행사하는 부시 정부에 대해 어정쩡한 태도를 보여 비난받기도 함. '미국과 테러'에 대한 견해를 소상히 밝힌 《프로파간다와 여론: 노엄 촘스키와의 대화 *Propaganda and the Public Mind: Conversations with Noam Chomsky*》(데이비드 바사미언 인터뷰) 출간. 배타적 애국주의로 치닫는 미국의 주류 언론과 지식인을 비판하면서 미국 정부와 언론의 프로파간다 공세 뒤에 가려진 진실과 국제 관계를 보는 새로운 시각을 전함. 9·11테러 이후 인터뷰 요청이 쇄도해 9월부터 10월 초까지 많은 인터뷰를 함. 이를 모은 책 《촘스키, 9-11 *9-11*》이 이듬해 페이퍼백 부문 베스트셀러 1위를 차지함. 10월 프랑스에서 《촘스키, 누가 무엇으로 세상을 지배하는가 *deux heures de lucidité*》(드니 로베르 Denis Robert 와 베로니카 자라쇼비치 Weronika Zarachowicz 인터뷰) 출간. 표현의 자유와 포리송 사건에 대한 공식 입장을 표명함. 12월 인도 델리에서 인도의 경제학자 라크다왈라 Lakdawala 추모 강연을 함(2004년 《인도의 미래 *The future of the Indian past*》로 출간됨).

2002년(74세) 1월 세계경제포럼 World Economic Forum (다보스포럼)에 대항한 NGO(비정부기구)들의 회의인 세계사회포럼 World Social Forum (브라질 프로투알레그리 Porto Alegre)에 참석. 2월 촘스키 책을 출간했다는 이유로 반역죄로 기소된 터키 출판인의 재판에 공동 피고인으로 참석하기 위해 터키 방문. 출판인이 공동 피고인이 되어달라고 부탁했고 촘스키가 기꺼이 요청을 받아들인 것으로, 재판부는 국제사회에 이런 사실이 알려질까 두려웠는지 첫날 기소를 기각함. 쿠르드족을 찾아다니며 그들의 인권을 강력하게 옹호하는 말과 글을 계속 발표함. 1월 23일 뉴욕에서 열린 미디어 감시단체 페어 FAIR 의 창립 15주년

축하 강연 내용을 기반으로《미디어 컨트롤》개정판 출간.《촘스키, 세상의 물음에 답하다*Understanding Power: The Indispensable Chomsky*》,《자연과 언어에 관해*On Nature and Language*》출간.

2003년(75세)《중동의 평화에 중동은 없다*Middle East Illusions*》(《중동에서의 평화》포함) 출간.《촘스키, 사상의 향연*Chomsky on Democracy and Education*》(C. P. 오테로*C. P. Otero* 엮음) 출간. 브라질에서 열린 세계사회포럼에 참석. 라틴아메리카 사회과학위원회*CLASCO* 회장의 초청으로 쿠바 방문. 귀국 후 쿠바에 가한 미국의 금수 조치를 격렬히 비난함. 인도의 시민운동가이자 소설가 아룬다티 로이*Arundhati Roy*는〈노엄 촘스키의 외로움*The Loneliness of Noam Chomsky*〉이란 글에서 "촘스키가 이 세상에 기여한 공로 중 하나를 고른다면 아름답고 밝게 빛나는 '자유'라는 단어 뒤에 감춰진 추악하고 무자비하게 조작되는 세계를 폭로한 것"이라고 말함. 미국 정치·경제 엘리트들의 '제국주의적 대전략*imperial grand strategy*'을 완벽히 해부한《패권인가 생존인가*Hegemony or Survival: America's Quest for Global Dominance*》출간. 9·11사태로 희생된 사람은 3,000명 남짓이지만, 미군의 직접적인 테러로 희생된 사람은 서류로만 봐도 수십만 명에 이른다고 주장하는 바람에 미국 우익과 자유주의자 모두의 분노를 폭발시켜 지식인 사회가 크게 동요함. 마크 아르바르 등이 촘스키 등을 인터뷰해 만든 다큐멘터리〈기업*The Corporation*〉출시.

2004년(76세) 이듬해까지 이탈리아의 피렌체와 볼로냐, 그리스의 테살로니키, 아테네, 헝가리, 영국의 런던, 옥스퍼드, 맨체스터, 리버풀, 에든버러, 독일의 올덴부르크와 베를린, 라이프치히, 슬로베니아의 류블랴나, 크로아티아의 노비그라드, 북아메리카 등 전 세계 각지에서 강연함. 학자 9명이 촘스키의 논리적 허구와 사실 왜곡을 신랄하게 짚은《촘스키 비판서*The anti*

^{chomsky reader}》출간. 이때까지 촘스키가 등장하는 영화만 28편에 이름.

2005년(77세) 《촘스키, 미래의 정부를 말하다^{Government in the Future}》 출간. 2003년 캐나다를 방문한 촘스키의 1주간의 행적을 담은 DVD 〈노엄 촘스키: 쉬지 않는 반항자^{Noam Chomsky: Rebel without a Pause}〉 출시. 《촘스키의 아나키즘^{Chomsky on Anarchism}》(배리 페이트먼^{Barry Pateman} 엮음) 출간. 인터뷰집 《촘스키, 우리의 미래를 말하다^{Imperial Ambitions: Conversations on the Post-9/11 World}》(데이비드 바사미언 엮음) 출간. 10월 《가디언^{The Guardian}》이 선정한 '세계 최고의 지식인' 1위로 뽑힘. 이때까지 받은 명예 학위와 상이 30여 개에 이름. MIT에서 열린 컴퓨터 언어학 세미나에 참석. 더블린의 유니버시티칼리지^{University College}의 문학과 사학회^{Literary and Historical Society}의 명예회원이 됨. 11월 《포린 폴리시^{Foreign Policy}》 선정 '2005 세계 지식인 조사'에서 1위를 차지함. 2위인 움베르토 에코^{Umberto Eco}의 두 배인 4만 표를 받음.

2006년(78세) 5월 《뉴스테이츠먼^{New Statesman}》이 선정한 '우리 시대의 영웅' 7위로 뽑힘. 5월 8일부터 8일간 촘스키 부부와 파와즈 트라불시^{Fawwaz Trabulsi} 등이 레바논을 여행함. 9일 베이루트의 아메리칸 대학교^{American University}에서 '권력의 위대한 영혼^{The Great Soul of Power}'이란 제목으로 에드워드 사이드 추모 강연함. 10일에는 같은 대학에서 '생물언어학 탐구: 구상, 발전, 진화^{Biolinguistic Explorations: Design, Development, Evolution}'라는 주제로 두 번째 강연함. 12일에는 베이루트 함라 거리^{Hamra Street}의 마스라알마디나^{Masrah al Madina} 극장에서 '임박한 위기: 위협과 기회^{Imminent Crises: Threats and Opportunities}'라는 제목으로 강연함. 촘스키의 강연과 인터뷰에, 동행한 사람들과 서남아시아 전문가들의 글을 덧붙이고 캐럴이 찍은 사진을 담아 이듬해 《촘스키, 고뇌의 땅 레바논에 서다^{Inside Lebanon: Journey to a Shattered Land with Noam and Carol Chomsky}》 출간. 미셸 푸코^{Michel Foucault}와의 대담집 《촘

스키와 푸코, 인간의 본성을 말하다*The Chomsky-Foucault Debate: On Human Nature*》출간.《촘

스키, 실패한 국가, 미국을 말하다*Failed States: The Abuse of Power and the Assault on Democracy*》출간.

배우 비고 모텐슨*Viggo Mortensen*과 기타리스트 버킷헤드*Buckethead*가 2003년에 발

표한 앨범 판데모니움프롬아메리카*Pandemoniumfromamerica*를 촘스키에게 헌정함.

2007년(79세) 대담집《촘스키와 아슈카르, 중동을 이야기하다*Perilous Power: The Middle*

East and US Foreign Policy: Dialogues on Terror, Democracy, War, and Justice》출간. 뉴욕타임스 신디케이트에

기고한 칼럼을 모아《촘스키, 우리가 모르는 미국 그리고 세계*Interventions*》출

간. 바사미언과의 인터뷰집《촘스키, 변화의 길목에서 미국을 말하다*What We*

Say Goes: Conversations on U.S. Power in a Changing World》출간. 스웨덴 웁살라 대학*Uppsala University* 카

를 폰 린네*Carl von Linné* 기념회로부터 명예박사 학위 받음.

2008년(80세) 2월 골웨이 아일랜드 국립대학교*National University of Ireland, Galway*의 문

학과 토론 클럽*Literary and Debating Society*으로부터 프레지던트 메달*President's Medal*받음.

《촘스키 지知의 향연*The Essential Chomsky*》(앤서니 아노브*Anthony Arnove* 엮음) 출간. 12월 대

한민국 국방부가 발표한 '2008 국방부 선정 불온서적'에《미국이 진정으로

원하는 것》과《507년, 정복은 계속된다》가 포함됨. 이에 대해 "한국민의 위

대한 성취를 거꾸로 되돌리려는 시도"라며 한국 정부 당국을 "독재자 스탈

린을 뒤따르는 세력"이라고 강력히 비난함. 12월 19일 평생을 함께한 캐럴

촘스키, 암으로 사망.

2009년(81세) 국제 전문 통번역사 협회*IAPTI* 명예회원이 됨.

2010년(82세) 1월 MIT 크레지 강당*Kresge Auditorium*에서 러시아 출신 작곡가 에드

워드 마누키안*Edward Manykyan*과 하버드 대학교 언어학과장 제나로 치에치아

Gennaro Chierchia 등이 촘스키 가족을 초대해 특별 콘서트를 개최함.《촘스키, 희

망을 묻다 전망에 답하다*Hopes and Prospects*》출간. 11월 일란 파페*Illan Pappé*와 대담하

여《위기의 가자 지구: 팔레스타인과 벌인 이스라엘 전쟁에 관한 고찰*Gaza in Crisis: Reflections on Israel's War Against the Palestinians*》출간. 진보한 인문학자에게 수여하는 에리히프롬상*Erich Fromm Prize* 수상.

2011년(83세) 케이프타운에서 학문의 자유에 관한 다비*Davie* 기념 강연함. 3월 9·11 이후 미국과 서구 국가, 서남아시아 국가의 권력 관계와 국제적 협상에 관해 10년간 발전시킨 분석틀을 제시한《권력과 테러: 갈등, 헤게모니 그리고 힘의 규칙*Power and Terror: Conflict, Hegemony, and the Rule of Force*》출간. 9월 소프트 스컬 프레스*Soft Skull Press*의 리얼 스토리*Real Story* 시리즈 중 베스트셀러 네 권을 모은 《세상은 어떻게 움직이는가*How the World Works*》출간(한국에서는〈촘스키, 세상의 권력을 말하다〉시리즈로 출간).《미국이 진정으로 원하는 것》,《부유한 소수와 불안한 다수》,《비밀, 거짓말 그리고 민주주의》,《공공선을 위하여》가 묶임. 수가 클수록 학자로서의 저명함을 입증하는 '에르되시 수*Erdös number*'가 4가 됨. 시드니평화상*Sydney Peace Prize* 수상. 국제전기전자기술자협회*IEEE* 인텔리전스 시스템*Intelligent Systems*의 '인공지능 명예의 전당'에 오름.

2012년(84세) 4월 맥길 대학교*McGill University* 철학 교수 제임스 맥길브레이*James McGilvray*와의 대담집《언어의 과학*The Science of Language*》출간. 2007년에 낸《촘스키, 우리가 모르는 미국 그리고 세계》에 이어 뉴욕타임스 신디케이트에 기고한 칼럼을 두 번째로 모아《촘스키, 만들어진 세계 우리가 만들어갈 미래*Making the Future: Occupations, Interventions, Empire and Resistance*》출간. 2007년 이후의 칼럼에는 북한 이야기도 포함됨. 전해 11월 월스트리트에서 시작된 '점령하라' 운동에 대한 강연과 대담을 엮어《점령하라*Occupy*》출간.

2013년(85세) 이모부의 신문 가판대에서 일한 경험 때문인지 오랜 습관이 된, 아침 식사 자리에서 신문 네다섯 개를 읽는 것으로 하루를 시작함. 신문 기사는 그날 강연의 화두가 되고, 자신의 주장을 뒷받침하는 배경이 됨.

1월 《권력 시스템: 글로벌 민주주의 부흥과 미국 제국주의의 새로운 도전 *Power Systems: Conversations on Global Democratic Uprisings and the New Challenges to U.S. Empire*》(데이비드 바사미언 인터뷰) 출간. 8월 미국 외교전문매체 《포린 폴리시》가 정보자유법 FOIA에 따라 최근 공개한 CIA의 기밀 자료에 따르면, CIA가 1970년대에 촘스키의 행적을 감시했음이 밝혀짐. 9월 영화 제작자이자 탐사 전문 기자인 안드레 블첵 Andre Vltchek과 대담하여 《서구 제국주의에 관하여: 히로시마에서부터 무인 전투 폭격기까지 *On Western Terrorism: From Hiroshima to Drone Warfare*》 출간.

현재 미국국립과학아카데미 National Academy of Sciences, 미국예술과학아카데미 American Academy of Arts and Sciences, 미국언어학회 Linguistics Society of America, 미국철학회 American Philosophical Association, 미국과학진흥협회 American Association for the Advancement of Science 회원이며, 영국학술원 British Academy 통신회원 corresponding fellow, 영국심리학회 British Psychological Society 명예회원 honorary member, 독일 레오폴디나 과학아카데미 Deutsche Akademie der Naturforscher Leopoldina 와 네덜란드 위트레흐프 예술과학회 Utrecht Society of Arts and Sciences 회원. 전 세계 수십 개 주요 대학에서 명예박사 학위를 받음. 58년간 MIT에서 학생들을 가르쳐왔으며 지금까지 120권이 넘는 저서와 1,000편이 넘는 논문을 발표함.

ㄱ

《가디언*The Guardian*》 189

간디Mohandas Karamchand Gandhi 149

건설적인 차별positive discrimination 221

게소 법Loi Gayssot 17

게이츠, 빌Gates, Bill 74, 75

경제정책연구소Economic Policy Institute 97

경제협력개발기구Organization for Economic Cooperation and Development, OECD 62, 67, 212

계몽주의Enlightenment 167

고르바초프, 미하일Gorbachyev, Mikhail Sergeyevich 173

고전경제학파 92, 154

공보위원회Committee on Public Information 28, 30

과도한 민주주의 152

과테말라 혁명 77, 78

괴벨스, 파울 요제프Goebbels, Paul Joseph 28, 49

교토의정서Kyoto protocol 99

국내총생산Gross Domestic Product, GDP 138, 139

국립과학재단National Science Foundation 181

국제결제은행Bank for International Settlements, BIS 96

국제연합United Nations, UN 145, 115, 211

국제통화기금International Monetary Fund, IMF 57, 66, 92, 93

굴라크gulag 51

그린백greenback 106

기독교 근본주의 161

기든스, 앤서니Giddens, Anthony 134

기욤, 피에르Guillaume, Pierre 15, 16

깅리치, 뉴트Gingrich, Newt 110

ㄴ

나노기술Nano Technology 83

《나를 역사의 왜곡자로 비난하는 사람에게 보내는 글-가스실의 문제*Mémoire en défense*》 15, 16, 43

나이키Nike 76

나치(당) 12, 14~17, 28, 43, 49, 50, 162

나치주의 16, 28, 48,

녹색당 162

논리실증주의 51

《뉴욕 리뷰 오브 북스*The New York Review of Books*》 191

《뉴욕타임스*The New York Times*》 36, 63, 108, 172

니부어, 라인홀드Niebuhr, Reinhold 72

닉슨, 리처드Nixon, Richard Milhous 87, 189~191

ㄷ

다보스 포럼Davos Forum 67, 68

다윈, 찰스Darwin, Charles Robert 52

다자간 투자협정Multilateral Agreement on Investment, MAI 62, 66, 181

달레마, 마시모D´Alema, Massimo 134, 213

《대전환*The Great Transformation*》 127

《더 스테이트 오브 워킹 아메리카*The State of Working America*》 97

WGBH 197

덜레스, 존 포스터Dulles, John Foster 79

동티모르East Timor 13, 114, 173, 174, 181, 197, 225

《두 시간의 대화*deux heures de lucidité*》 18

듀폰Dupont 129

ㄹ

라스웰, 해럴드Lasswell, Harold Dwight 72

러셀, 버트런드Russell, Bertrand 226

레지스탕스résistance 50

로메로, 오스카Romero, Oscar 35

록펠러, 데이비드Rockefeller, David 152

루이스, 앤서니Lewis, Anthony 36

《르몽드 디플로마티크Le Monde diplomatique》 12

《리베라시옹-Libération》 189

리카도, 데이비드Ricardo, David 90

리프먼, 월터Lippmann, Walter 26, 72

릴리Lilly 115

ㅁ

마니 풀리테Mani Pulite 115

마르크스, 카를Marx, Karl 164

마르크스주의Marxism 52, 165, 71, 76, 163, 164

마오쩌둥주의Maoism 52

마이크로소프트Microsoft 76, 79, 81, 100

마피아Mafia 105, 107, 132, 214

매디슨, 제임스Madison, James 58, 141

맥베이, 티모시McVeigh, Timothy 161, 162

모노, 자크 뤼시앵Monod, Jacques Lucien 52

모럴 해저드Moral Hazard 93

모호크 밸리 법칙Mohawk Valley Fomula 71

몬산토Monsanto 64, 129

몬테스, 세군도Montes, Segundo 35

몰리, 제퍼슨Morley, Jefferson 106

무역촉진권한accelerated procedure 63

《무편각선Agone》 12

미국 공영라디오방송National Public Radio, NPR 187, 196

미국노동총연맹American Federation of Labor 162

미국방위고등연구계획국Defence Advanced Research Projects Agency, DARPA 82

미국연방수사국Federal Bureau of Investigation, FBI 155, 190

미국중앙정보국Central Intelligence Agency, CIA 76~78, 188, 292

미국항공우주국National Aeronautics and Space Administration, NASA 82

미국혁명 167

《민주주의의 위기The Crisis of Democracy》 150, 152, 159

ㅂ

반유대주의(자) 12, 13, 17, 44~46, 48, 49

반트러스트법antitrust laws 100

방첩 프로그램Counter-Intelligence Program, CoIntelPro 190

버네이스, 에드워드Bernays, Edward 26

《버찌의 시대Le Temps des cerises》 12

베르토사, 베르나르Bertossa, Bernard 119

베를린장벽Berlin Wall 87, 201, 202, 209

베트남전쟁Vietnam War 26, 123, 168, 169, 193, 195, 197, 228

보베, 조제Bové José 63, 64

보스니아Bosnia and Herzegovina 214

볼셰비즘Bolshevism 31, 60

볼테르Voltaire 15

부르디외, 피에르Bourdieu, Pierre 73

북대서양조약기구North Atlantic Treaty Organization, NATO 66, 67, 115, 142, 143, 174~176, 212~217

북미자유무역협정North American Free Trade Agreement, NAFTA 63

브레턴우즈 협정Bretton Woods Agreements 57, 87

블레어, 토니Blair, Tony 134, 137, 175, 213

비달-나케, 피에르Vidal-Naquet, Pierre 44~46

비방디Vivendi 186

BBC 월드 서비스 183

빌데베르흐 그룹Bildeberg Group 67

ㅅ

《사회과학 백과사전Encyclopedia of the Social Sciences》 72

사회민주주의social democracy 72, 82, 88, 133, 150

사회주의노동자당Socialist Workers Party, SWP 190

산디니스타민족해방전선Frente Sandinista de Liberación Nacional, FSLN 156

산업별노동조합Congress of Industrial Organizations 11

삼각위원회Trilateral Commission 67, 68, 150, 152, 153

석유수출기구Organization of Petroleum Exporting Countries, OPEC 79

세계무역기구World Trade Organization, WTO 57, 58, 62, 63, 79, 130, 156

세계은행International Bank for Reconstruction and Development, IBRD 57

세르비아Serbia 66, 215, 216

소련Soviet Union 49, 51, 156, 217, 226

소말리아Somalia 211, 212

소수자 우대 정책Affirmative action 222

솔제니친, 알렉산드르Solzhenitsyn, Aleksandr Isayevich 51, 217

수단Sudan 107, 155, 214, 218

수하르토Suharto 181

슈뢰더, 게르하르트Schröder, Gerhard 134

슈프, 데이비드Shoup, David 219

스미스, 애덤Smith, Adam 90, 92, 154

스미스클라인Smithkline 115

스탠더드오일Standard Oil 118, 129

스트레인지, 수전Strange, Susan 105

슬래퍼, 게리Slapper, Gary 117

시애틀 사건 62, 63, 68, 79

CNN 183

신나치주의neo-nazism 14, 45, 49

신자유주의neo-nazism Neoliberalism 62, 65, 108, 134, 153

신흥시장Emerging markets 112

ㅇ

아리스토텔레스Aristotle 154

IBM 81, 191

아이젠하워, 드와이트Eisenhower, Dwight David 79, 82, 190

아인슈타인, 알베르트Einstein, Albert 164, 226

아틀라카틀Atlacatl 부대 35

에릭슨 사Ericsson Inc. 135

에머슨, 랠프 월도Emerson, Ralph Waldo 25

ABC 방송(국) 183, 186

MIT(매사추세츠 공과대학교) 9, 221, 224

에틸 사Ethyl Corporation 129, 130

《여론조작: 매스미디어의 정치경제학 Manufacturing Consent: The Political Economy of the Mass Media》 26, 69, 175, 188, 192

연방준비은행Federal Reserve Bank 144

예수회Jesuit 34, 38, 182

와타누키 조지綿貫讓治 152

외교관계협의회Council on Foreign Relations 144

요한 바오로 2세Joannes Paulus II 65

우드워드, 밥Woodward, Bob 75

우루과이라운드Uruguay Round 58

워터게이트Watergate 75, 189~191

《월스트리트저널Wall Street Journal》 63, 74, 75, 199

윌슨, 토머스 우드로Wilson, Thomas Woodrow 26, 28, 30

유나이티드프루트 사United Fruit Company 77

유럽연합European Union, EU 57, 139, 142, 144, 145, 156

유럽중앙은행European Central Bank 144

《은행의 피Blood in the Bank》 117

이라크Iraq 143, 176, 214

《EPO》 12

《인터내셔널 헤럴드 트리뷴International Herald
Tribune》 189

1차 수정헌법 153

ᄌ

자유무역론 90, 92

장쩌민江澤民 216

《정치학Politika》 154

제너럴모터스 사General Motors Corporation 92,
118, 129

조스팽, 리오넬Jospin, Lionel 134

조시 부시Bush, GeorgeHerbertWalker 18, 106, 117

조지 W. 부시Bush, George Walker 18, 99, 106

존슨, 린든Johnson, LyndonBaines 190, 191

즈다노프, 안드레이 알렉산드로비치Zhdanov,
Andrei Alexandrovitch 49

ᄎ

체첸Chechen 217, 218

ᄏ

카날 플뤼Canal Plus 186

카터, 지미Carter, Jimmy 123, 152

케네디, 존 F. Kennedy, John F. 123, 190~193

케인스, 존 메이너드Keynes, John Maynard 94

코만도commandos 34, 35

코소보Kosovo 66, 114, 145, 211~213, 216, 217

코제브, 알렉상드르Kojéve, Alexandre 51

쿠르드족 176, 217, 218

크로지어, 미셸Crozier, Michel 152

클라크, 웨슬리Clark, Wesley 213

클린턴, 빌Clinton, Bill 74, 101, 114, 134, 137,
138, 174, 175, 198, 213, 214, 218

ᄐ

테크노크라트technocrates 32, 33

테트라에틸렌Tetraethylene 129

트루먼, 해리Truman, Harry 153

티옹, 세르주Thion, Serge 15, 16

ᄑ

《파이낸셜타임스Financial Times》 67

파이어스톤 사Firestone Rubber Company 118

《패닉 규칙Panic Rules!》 96

펜타곤Pentagon 141, 181

평화와 자유를 위한 국제여성연맹Ligue
internationale des femmes pour la paix et la liberté 121

포리송 사건 12, 14, 17, 43, 44, 46, 48, 50

포리송, 로베르Faurisson, Robert 12, 13, 15, 16,
43~46, 48, 49

《포린어페어스Foreign Affairs》 144

《포춘Fortune》 60

폭스바겐Volkswagen 112

폴라니, 칼Polanyi, Karl 127

〈표현의 자유를 위한 몇 가지 기본적인 제언
Some Elementary Comments on The Rights of Freedom
of Expression〉 43, 48

ᄒ

하넬, 로빈Hahnel, Robin 96

하벨, 바츨라프Havel, Václav 35, 36, 217

하이데거, 마르틴Heidegger, Martin 51

해방신학 65

핵확산금지조약Nuclear Nonproliferation Treaty, NPT
219, 220

허먼, 에드워드Herman, Edward S. 26, 188

헌팅턴, 새뮤얼Huntington, Samuel 152, 153

홀로코스트Holocaust 12, 16, 196

홉스봄, 에릭Hobsbawm, Eric 52, 53

히틀러, 아돌프Hitler, Adolf 12, 28, 30, 43, 167